Süß *und* herzhaft backen

mit der
KitchenAid

Süß *und* herzhaft backen

mit der

KitchenAid

50 leckere Rezeptideen

Bibliografische Information der Deutschen Nationalbibliothek
Die Deutsche Nationalbibliothek verzeichnet diese Publikation in der Deutschen Nationalbibliografie. Detaillierte bibliografische Daten sind im Internet über https://dnb.de abrufbar.

Für Fragen und Anregungen
info@m-vg.de

Wichtige Hinweise
KitchenAid ist ein eingetragenes Warenzeichen der Whirlpool Properties, Inc. Diese Publikation ist kein offizielles Lizenzprodukt der Whirlpool Properties, Inc.

Ausschließlich zum Zweck der besseren Lesbarkeit wurde auf eine genderspezifische Schreibweise sowie eine Mehrfachbezeichnung verzichtet. Alle personenbezogenen Bezeichnungen sind somit geschlechtsneutral zu verstehen.

Originalausgabe
5. Auflage 2026
© 2018 by riva Verlag, ein Imprint der Münchner Verlagsgruppe GmbH
Türkenstraße 89
80799 München
Tel.: 089 651285-0

Autorin: Stephanie Just
Redaktion: Katrin Koelle
Umschlaggestaltung: Laura Osswald
Umschlagabbildungen: Stephanie Just, Amrides/Shutterstock.com, Flat_Enot/Shutterstock.com
Abbildungen im Innenteil: Stephanie Just
Satz: inpunkt[w]o, Haiger (www.inpunkttwo.de)
Druck: Florjancic Tisk d.o.o., Slowenien
Printed in the EU

ISBN Print 978-3-7423-0647-0
ISBN E-Book (PDF) 978-3-7453-0204-2
ISBN E-Book (EPUB, Mobi) 978-3-7453-0205-9

Weitere Informationen zum Verlag finden Sie unter

www.rivaverlag.de

Beachten Sie auch unsere weiteren Verlage unter www.m-vg.de

Inhalt

Das Besondere am Backen mit der KitchenAid

Wer gerne backt oder das Backen gerade für sich entdeckt, wird schnell merken, dass hier keine große Hexenkunst am Werk ist. Für den Zauber mit köstlichen Kuchen und Cookies, knuspriger Pizza, saftigen Pies und anderen Leckereien aus dem Backofen braucht man nicht viel – mit unterschiedlichen Zutaten, unterschiedlichen Teigen und verschiedenen Zubereitungsarten erzielt man auf jeden Fall ein tolles Ergebnis. Erfahrung ist dabei natürlich nützlich, aber nicht nötig, denn Sie finden in diesem Buch nicht nur meine besten Rezepte, sondern auch alle wichtigen und nützlichen Tipps aus meiner Backstube. Wenn Sie sie beherzigen, kann beim Zaubern mit süßem und herzhaftem Gebäck nichts schiefgehen.

Wenn Sie so leidenschaftlich gerne backen wie ich, erleichtert Ihnen eine Küchenmaschine die Arbeit sehr. Denn gerade bei Hefeteigen oder für Brot und Brötchen muss der Teig kräftig und mehrere Minuten lang geknetet werden. Da können Handrührgeräte schon mal schlappmachen, und auch die ein oder andere Küchenmaschine kommt da an ihre Grenzen. Ich habe in den letzten Jahren diverse Maschinen getestet und finde, dass die KitchenAid hier einfach am zuverlässigsten arbeitet. Außerdem ist es bei der Zubereitung unheimlich praktisch, die Hände frei zu haben. So kann man die nachfolgenden Zutaten für ein Rezept einfach während des Arbeitsvorgangs hinzugeben, ohne das Gerät auszustellen.

Weitere Pluspunkte der KitchenAid: Sie hat eine große Rührschüssel, in die wirklich viel hineinpasst. Sie steht auch bei Hefeteigen sicher; ihre Leistung ist immer gleichbleibend, ob sie nun ein Kilogramm schweren Teig knetet oder nur mal eben drei Eiweiße zu Eischnee schlägt. Dadurch wird sie zum treuen Helfer und trägt entscheidend dazu bei, dass alles leicht und gut gelingt. Ich persönlich habe nach mehreren Fehlkäufen also meine absolute Favoritin gefunden und kann mir das Kochen und Backen nur noch mit meiner KitchenAid vorstellen. Sicherlich ist sie nicht das günstigste Gerät auf dem Markt, aber dafür ist sie auch eine Anschaffung fürs Leben, die ohne Murren über viele, viele Jahre zuverlässig funktioniert. Nicht umsonst arbeiten auch große Betriebe, professionelle Köche und Bäcker mit KitchenAid-Maschinen und schwören auf ihre Zuverlässigkeit!

Übrigens muss es ja auch nicht gleich die kostspieligste Variante sein. Ob Sie eine KitchenAid nun mit einer herkömmlichen Rührschüssel mit satten 4,8 Litern Fassungsvermögen, einer aus poliertem Edelstahl mit 3 Litern oder einer Glas- oder Keramikschüssel mit ebenfalls 4,8 Litern bevorzugen, ist reine Geschmackssache. Vor allem beim

Zubehör müssen Sie keineswegs gleich ganz tief in den Geldbeutel greifen: Für den Anfang genügt es völlig, wenn Sie die Grundausstattung haben. Dazu gehören:

- Der Flachrührer: Er eignet sich für viele Teige und kommt bei mir am häufigsten zum Einsatz.
- Der Knethaken: Er ist unerlässlich, wenn man öfter Hefeteig oder schwerere Brotteige kneten will.
- Der Schneebesen: Er schlägt Cremes, Sahne, Eiweiß, Eigelb-Zucker-Mischungen, luftige Soßen – unverzichtbar beim Backen wie beim Kochen!
- Der Spritzschutz: Er sorgt dafür, dass selbst beim kräftigsten Rühren nichts aus der Schüssel herausgepustet oder -gekleckst wird. Seine hohe Einfüllhilfe ermöglicht es, beim Rühren oder Kneten ganz einfach weitere Zutaten dazuzugeben.

Wer dann so richtig auf den Geschmack kommt, wie ich vier- bis fünfmal pro Woche backt und dazu noch täglich kocht, kann nach und nach weiteres Zubehör anschaffen. Denn die KitchenAid hat nicht nur wegen ihrer tollen Optik und ihrer Leistungskraft beim Rühren, Kneten und Schlagen Kultstatus: Sie kann einfach fast alles! Sie lässt sich zum Beispiel so »aufrüsten«, dass Sie damit Ihr Getreide selbst mahlen, Ihre Pasta selbst herstellen, Ihr Speiseeis selbst zubereiten und Hackfleisch ganz frisch selbst herstellen können. Je nachdem, was Sie mit Ihrer KitchenAid alles vorhaben, gibt es jede Menge Zubehör, wie zum Beispiel:

- Aufsätze zum Zerkleinern von Gemüse
- Aufsätze zum Auspressen von Zitrusfrüchten und zum Pürieren

- Verschiedene Schüsseln, darunter sogar eine beheizbare – toll zum Beispiel zum Schmelzen von Schokolade oder zum Zubereiten von warmen Schaumdesserts à la Zabaione!

Als Zubehör zum Fleischwolf gibt es sogar ein Wurstfüllhorn, mit dem Sie Ihre eigene Wurst zaubern könnt!

Aller Anfang ist leicht

Aber wie gesagt: Am Anfang sind Sie mit dem Grundzubehör zur KitchenAid wirklich bestens ausgestattet. Apropos Anfang – gerade Anfängern und wenig Erfahrenen rate ich dringend: Halten Sie sich möglichst genau an die Rezepte, inklusive der Zutatenlisten. Denn hier können schon kleine Veränderungen zum Misslingen des Rezepts führen. Ein paar Ausnahmen von dieser Regel nenne ich Ihnen hier. Ansonsten sollten Sie unbedingt auf folgende Dinge achten:

- Grundsätzlich gilt: Vor dem Backen am besten immer erst das gesamte Rezept – also die Zutatenliste und die Anleitung – einmal in Ruhe durchlesen.
- Alle Zutaten abwiegen, abmessen und bereitstellen. So kann es auch nicht passieren, dass Sie im Eifer des Gefechts eine Zutat vergessen oder womöglich übersehen, dass Sie eine Zutat gar nicht auf Vorrat haben.
- Richten Sie sich immer nach der Reihenfolge im Rezept, ziehen Sie also keinen der Arbeitsschritte vor bzw. verschieben Sie keinen Schritt nach hinten.
- Halten Sie sich an die Temperaturangaben sowohl für die Zutaten als

auch für den Backofen – den sollten Sie übrigens immer vorheizen. Teige gehen lassen bzw. kühlen wie im Rezept beschrieben.

- Tauschen Sie Weizenmehl bitte nur mit hellem Dinkelmehl aus. Andere Mehle wie zum Beispiel Vollkornmehl aus Dinkel oder Weizen, Roggenmehl usw. haben andere Inhaltsstoffe und Backeigenschaften. Das gilt erst recht für glutenfreie Low-Carb-Mehlsorten aus Buchweizen, Kokosnuss oder Mandeln usw. Hier kann man nicht einfach austauschen!
- Ich verwende immer Butter zum Backen, weil sie meiner Meinung nach einfach den besten Geschmack ergibt. Außerdem eignet sich kalte Butter perfekt für festere Teige wie Pie- oder Mürbeteig, die mit weichem Fett nicht gelingen. In weichen Kuchenteigen können Sie sie aber problemlos durch Backmargarine ersetzen, wenn Sie mögen.
- In vielen Rezepten finden Sie Vanilleextrakt bei den Zutaten. Sie können stattdessen auch Vanillepaste, gemahlene Vanille oder das Mark von Vanilleschoten verwenden. Die Vanille ist nicht dominant, unterstützt aber das eigentliche Aroma. Wer keine Vanille verarbeiten möchte, kann sie auch weglassen – die Menge ist jeweils so gering, dass der Verzicht keinen negativen Einfluss auf Ihr Backergebnis hat.
- Ich arbeite oft und gerne mit Hefe und habe entsprechend viel Erfahrung damit. Am liebsten und häufigsten verwende ich frische Hefe, die Sie im Kühlregal der Supermärkte finden. Sie liegt in der Kühlung in einer Art Winterschlaf und wird erst durch die Wärme der Flüssigkeit im Teig geweckt bzw. aktiviert. Frische Hefe hat deutlich bessere Backeigenschaften als Trockenhefe: Der Teig wird luftiger und fluffiger, was zum Beispiel bei Buchteln oder Brötchen wichtig ist. Bei mir liegt darum immer mindestens ein Würfel im Kühlschrank bereit, schließlich backe ich oft und regelmäßig.

Hefeteig? Immer locker bleiben!

Viele haben großen Respekt vor Hefeteig und trauen sich nicht an ihn heran. Dabei ist es ganz einfach, wenn Sie Folgendes beachten: Bei Hefe bitte *immer* ganz genau die Anleitungen lesen und die einzelnen Schritte sowie vor allem die Länge der Knet- und Ruhezeiten beachten. Stellen Sie sicher, dass der Teig zum Ruhen und Aufgehen an einem warmen Ort steht.

Dieser muss unbedingt vor Zugluft geschützt sein, und die Schüssel sollte überlappend mit einem sauberen Geschirrtuch abgedeckt sein. Am besten eignet sich zum Aufgehen ein warmes Plätzchen dicht an der Heizung, auf der Fußbodenheizung oder unter einer kuscheligen Bettdecke mit einer an der Seite liegenden Wärmflasche.

Zu warm darf dem Teig aber auch nicht werden: Bei mehr als 40 °C hat die Hefe nicht ausreichend Zeit, aktiv zu werden. Je nach Rezept soll der Teig mehr oder weniger stark aufgehen. Geben Sie ihm immer die Zeit, die er benötigt. Als Faustregel gilt: lieber etwas länger als zu kurz gehen lassen.

Wenn Sie dagegen nur ab und zu backen, können Sie aber statt der frischen Hefe auch die länger haltbare Trockenhefe nehmen: Zwei Tütchen davon entsprechen 1 Würfel Frischhefe.

- Bei den Backzeiten würde ich zwar gerne zu 100 Prozent verlässliche Angaben machen, aber leider ist das unmöglich, denn jeder Backofen heizt anders. Alle Backzeitangaben sind darum nur ungefähre Werte. Schauen Sie immer etwa zehn Minuten vor dem im jeweiligen Rezept angegebenen Backzeitende nach, ob Ihr Gebäck eventuell schon fertig ist. Bei Kuchen und anderem Gebäck aus weichem Teig eignet sich dafür am besten die Stäbchenprobe: Stechen Sie einfach mit einem Schaschlikspieß aus Holz in die Mitte und ziehen Sie ihn vorsichtig wieder heraus. Bleibt er dabei sauber, ist das Gebäck perfekt. Kleben noch feuchte Krümel dran, brauchen Kuchen und Co. ein paar Minuten mehr Backzeit. Bei Gebäck wie Pizza oder Pies hilft es, auf die Farbe zu achten: Hat sich der Teig goldgelb bis goldbraun gefärbt, sollte Ihr Wunderwerk fertig sein.
- Früchte und Nüsse können Sie ganz nach Geschmack durch andere Sorten austauschen. Wo ich im Rezept Backpulver angegeben habe, sollten Sie es auch verwenden und nicht einfach durch Natron oder Weinsteinbackpulver ersetzen, weil das wegen verschiedener Backeigenschaften zu anderen Ergebnissen führen kann.
- Wer es nicht so süß mag, kann die jeweils angegebene Zuckermenge um bis zu 25 Prozent reduzieren.

Beispiel: Sind 100 Gramm Zucker vorgesehen, gelingt das Gebäck auch mit nur 75 Gramm. Das Austauschen von weißem Kristallzucker gegen Roh- und Rohrzucker ist kein Problem; mit Süßungsalternativen wie Birkenzucker o. Ä. arbeite ich nicht und kann daher keine Angaben dazu machen.

- Bei Milch, Joghurt und Frischkäse bin ich grundsätzlich kein Fan der fettarmen Version, denn die Vollfettstufen bringen durch den höheren Fettgehalt einen volleren, intensiveren Geschmack. Ich rate Ihnen darum, möglichst Vollmilch, Vollmilchjoghurt usw. zu verwenden.
- Eier sollten immer frisch sein. Und auch hier gilt es, die Größenangabe zu beachten, falls vorhanden. Eier durch Banane, Ei-Ersatz o. Ä. auszutauschen ist möglich, aber aufgrund fehlender Erfahrungen kann ich dazu keine Angaben machen.

So, und jetzt kann's losgehen! Ich habe für dieses Buch eine bunte Mischung aus meinen Lieblingsrezepten zusammengestellt. Die meisten sind wirklich einfach und können auch von Backanfängern umgesetzt werden. Für den unwahrscheinlichen Fall, dass Ihnen trotzdem und trotz Beachtung der oben genannten Tipps doch mal etwas nicht ganz so gelingen sollte wie gehofft: Bloß nicht den Mut und die Freude am Backen verlieren! Versuchen Sie es einfach noch mal, und Sie werden sehen, mit etwas Übung werden Sie immer sicherer. Viel Freude mit dem Buch und den Rezepten!

Süßes

Gefüllte Erdbeertorte mit Mascarpone-Creme

ZUTATEN

Für den Teig:

200 g Mehl
1 leicht geh. TL
  Backpulver
1 leicht geh. TL Natron
3 Eier (Größe M)
180 g Zucker
50 ml Sonnenblumenöl
120 ml Buttermilch

Für die Creme:

200 ml Sahne (gekühlt)
1 TL Vanilleextrakt
30 g Puderzucker
200 g Mascarpone
  (gekühlt)

Puderzucker
2 Schalen à
  250 g Erdbeeren

1. Den Boden einer kleinen Springform (20 cm Durchmesser) mit Backpapier auslegen. Den Backofen auf 200 °C (Umluft: 180 °C, Gas: Stufe 3) vorheizen.

2. Für den Teig in einer Schüssel Mehl mit Backpulver und Natron mischen. Die Eier mit dem Zucker in die Rührschüssel geben und mit dem Schneebesen weiß-schaumig aufschlagen. Das Öl dazugeben und 1 Minute weiterrühren. Die Mehlmischung abwechselnd mit der Buttermilch unterrühren, bis ein glatter Teig entstanden ist.

3. Den Teig in die vorbereitete Form geben, glatt streichen und ca. 25–30 Minuten (Stäbchenprobe) backen. Den Springformrand lösen und den Tortenboden auf einem Kuchengitter komplett auskühlen lassen.

4. Für die Creme die kalte Sahne mit Vanilleextrakt und Puderzucker in die gesäuberte Rührschüssel geben und mit dem Schneebesen nicht ganz steif schlagen. Den Mascarpone zufügen und alles zu einer festen Creme rühren. Kalt stellen.

5. Den Tortenboden in der Mitte leicht aushöhlen. Dafür mit einem scharfen Messer einen Kreis einschneiden (nicht bis auf den Boden!), dabei einen Rand von 2,5–3 cm stehen lassen. Mit einem Löffel den Teig herausnehmen. Die entstandene Aushöhlung mit etwas Puderzucker bestäuben.

6. Die Erdbeeren vorsichtig waschen, gut trocken tupfen und putzen. Etwa ¾ der Erdbeeren mit der Spitze nach oben dicht an dicht in die Aushöhlung setzen. Mit der Mascarpone-Creme bedecken und mit einer Palette glatt streichen. Die Torte mit den übrigen Erdbeeren dekorieren und bis zum Servieren kühlen.

Kokospudding-Pie

ZUTATEN

Für den Boden:

300 g Mehl
30 g Zucker
1 Prise Salz
230 g eiskalte Butter
(gewürfelt)
Backperlen oder getr.
Hülsenfrüchte zum
Vorbacken

Für die Füllung:

1 l Kokosmilch
80 g Zucker
75 g Speisestärke

1. Für den Boden Mehl mit 30 g Zucker, Salz und Butter in die Rührschüssel geben. Mit dem Flachrührer auf mittlerer Geschwindigkeit zu einem grob-krümeligen Teig rühren. Nach und nach esslöffelweise 90–120 ml sehr kaltes Wasser dazugeben.

2. Alles nochmals kurz verrühren, bis ein geschmeidiger Teig entsteht. Den Teig zu einer flachen Scheibe formen, in Frischhaltefolie wickeln und 30 Minuten in den Kühlschrank legen. Den Backofen auf 225 °C (Umluft: 205 °C, Gas: Stufe 3–4) vorheizen.

3. Den Teig aus der Folie nehmen, auf eine gut bemehlte Arbeitsfläche legen und die Oberseite ebenfalls bemehlen. Mit einer Teigrolle rund ausrollen (ca. 40 cm Durchmesser). Die Teigplatte auf das Nudelholz aufrollen und über einer Pie-Form (28 cm Durchmesser) wieder abrollen.

4. Den Teig in die Form drücken und den Rand bis auf 2 cm über den Rand hinaus abschneiden. Diesen 2 cm überstehenden Teigrand nach innen einklappen, festdrücken und ringsherum leicht mit einer Gabel einstechen.

5. Einen Bogen Backpapier auf den Teig geben und mit Backperlen oder getrockneten Hülsenfrüchten randhoch befüllen. Den Teig im vorgeheizten Ofen 13 Minuten backen. Backperlen bzw. Hülsenfrüchte mit dem Backpapier entfernen und den Teig weitere 10 Minuten backen. Anschließend komplett abkühlen lassen.

6. Für die Füllung von der Kokosmilch 60 ml abnehmen. Den Rest mit 80 g Zucker in einem Topf zum Kochen bringen. Die Speisestärke in der abgenommenen Kokosmilch glatt rühren. Mit einem Schneebesen in die köchelnde Kokosmilch gießen und unter ständigem Rühren einmal aufkochen lassen. Sofort in die Pie-Form gießen, glatt streichen und im Kühlschrank 3–4 Stunden fest werden lassen.

Fudgy Schokoladenkuchen

ZUTATEN

60 g Mehl
½ TL Backpulver
¼ TL Natron
1 Prise Salz
3 geh. EL Instant Cappuccino
40 g Backkakao
265 g Zartbitterschokolade
130 g weiche Butter
3 Eier (Größe M)
100 g Zucker
80 g brauner Zucker

1. Mehl, Backpulver, Natron, Salz, Cappuccinopulver und Backkakao mischen. Eine Springform (23 cm Durchmesser) mit Backpapier auskleiden. Den Backofen auf 200 °C (Umluft: 180 °C, Gas: Stufe 3) vorheizen.

2. Die Schokolade grob hacken und mit der Butter über einem Wasserbad langsam schmelzen. Anschließend etwas abkühlen lassen.

3. Die Eier mit beiden Zuckersorten in die Rührschüssel geben und mit dem Schneebesen schaumig aufschlagen. Die Schokoladen-Butter-Mischung dazugeben und unterrühren.

4. Die Mehlmischung ebenfalls zufügen und alles mit dem Flachrührer schnell zu einem glatten Teig verrühren. In die vorbereitete Form füllen, glatt streichen und im vorgeheizten Ofen 25 Minuten backen.

TIPP:
Dazu schmecken Vanilleeis und Schokoladensoße.

Roter Beeren-Pie mit Grießpudding

ZUTATEN

Für den Teig:

300 g Mehl
50 g Zucker
170 g kalte Butter
(gewürfelt)
1 Ei (Größe M)
3 EL Milch
getrocknete Hülsen-
früchte oder Back-
perlen

Für den Grießpudding:

300 ml Milch + 1 TL
200 ml Sahne
100 g Zucker
Abrieb von 1 Bio-Zitrone
100 g Weichweizengrieß
2 Eier (Größe M)
2 Eigelbe
600 g TK-Beeren-
mischung
22 g Speisestärke
1 TL Milch

1. Für den Teig Mehl mit 50 g Zucker, Butterwürfeln, 1 Ei und 3 EL Milch in die Rührschüssel geben. Mit dem Flachrührer zu einem geschmeidigen Teig verarbeiten. Den Teig in Frischhaltefolie wickeln und 20 Minuten in den Kühlschrank legen.

2. Eine kleine Pie-Form (20 cm Durchmesser) fetten. Den Backofen auf 200 °C (Umluft: 180 °C, Gas: Stufe 3) vorheizen.

3. Auf einer bemehlten Arbeitsfläche die Hälfte des Teigs rund auf etwa 40 cm Durchmesser ausrollen. (Den restlichen Teig eingewickelt zurück in den Kühlschrank legen.) Die Teigplatte vorsichtig über die Form heben und hineinsetzen. Mit den Fingern in die Form drücken (sollte der Teig etwas reißen, einfach mit den Fingern wieder zusammendrücken).

4. Den überstehenden Rand mit einer Schere abschneiden. Mit einer Gabel den Boden und den Rand mehrere Male einstechen. Bis an den Rand mit einem Blatt Backpapier belegen und randvoll mit Hülsenfrüchten oder Blindbackperlen füllen. Im vorgeheizten Ofen 10 Minuten backen. Backpapier und Hülsenfrüchte bzw. Backperlen entfernen. Den Boden abkühlen lassen.

5. Den übrigen Teig etwa 3 mm dick ausrollen und daraus unterschiedliche Blüten und Blätter ausstechen. Mit Frischhaltefolie abdecken und kalt stellen.

6. Für den Pudding 300 ml Milch, Sahne, 100 g Zucker und Zitronenschale langsam zum Kochen bringen. Den Grieß unter ständigem Rühren in die kochende Flüssigkeit einrieseln lassen. Nochmals kurz aufkochen lassen und von der Herdplatte ziehen.

7. 1 Ei mit den Eigelben verquirlen und gut unter den etwas abgekühlten Grießbrei rühren. Ein Stück Frischhaltefolie direkt auf den Pudding legen und beiseite-
   stellen. Das übrige Ei mit 1 TL Milch verquirlen. Den
   Backofen erneut auf 200 °C (Umluft: 180 °C, Gas: Stufe 3)
   vorheizen.

8. Die Beeren mit der Speisestärke bestäuben und gut
   vermischen. Den Grießpudding kurz verrühren, auf
   den vorgebackenen Boden geben und glatt streichen.
   Die Beeren darauf verteilen. Mit dem verquirlten Ei die
   ausgestochenen Teigblüten und -blätter auf den Rand
   kleben. Mit restlichem verquirltem Ei bestreichen und
   im vorgeheizten Ofen 30 Minuten backen. Anschließend
   auskühlen lassen.

Piña-Colada-Kuchen

ZUTATEN

Für den Teig:

2 Eier (Größe M)
50 g brauner Rohr-
zucker
50 g Zucker
100 g weiche Butter
25 ml weißer Rum
150 g Mehl
6 Scheiben Ananas
(aus der Dose, in
Stücke geschnitten)
40 g Kokosraspel
50 g Zucker

Für das Baiser:

1 Eiweiß
90 g Zucker
¼ TL Weinessig

Für die Dekoration:

10 g Kokosraspel
20 g Kokos-Chips

1. Eine Spring- oder Tarteform (23 cm Durchmesser) mit Backpapier auslegen. Den Backofen auf 200 °C (Umluft: 180 °C, Gas: Stufe 3) vorheizen.

2. Für den Teig Eier, Rohrzucker und 50 g Zucker mit dem Schneebesen schaumig aufschlagen. Butter und Rum kurz unterrühren. Das Mehl ebenfalls unterrühren und mit einem Teigschaber die Ananasstücke unterheben.

3. Den Teig in die vorbereitete Form geben und glatt streichen. Kokosraspel mit 50 g Zucker mischen und gleichmäßig über den Teig streuen. 25 Minuten backen, dann mit Alufolie abdecken und weitere 10 Minuten backen. Auf einem Kuchengitter auskühlen lassen.

4. Für das Baiser in einem kleinen Topf 100 ml Wasser zum Köcheln bringen. In einer Glas- oder Metallschüssel (leitet die Wärme besser) das Eiweiß mit 90 g Zucker und Essig über dem Wasserbad steif schlagen. Die Masse sollte schaumig, aber fest sein und Spitzen ziehen.

5. Die Baisermasse auf dem Kuchen verteilen und mit einem Küchenbrenner oder unter dem Grill kurz abflammen. Mit Kokos-Chips und übrigen Kokosraspeln dekorieren.

Schoko-Kirsch-Käse-Gugelhupf

ZUTATEN

Für den Teig:

160 g Zucker

3 Eier (Größe M)

200 g weiche Butter (plus Butter für die Form)

200 g Zartbitterkuvertüre (geschmolzen und abgekühlt)

250 g Mehl

1 ½ leicht geh. TL Backpulver

40 g Kakaopulver

100 ml Milch

180 ml flüssige Sahne

Für den Frischkäsekern:

200 g Doppelrahmfrischkäse

50 g Zucker

1 Ei (Größe M)

1 TL Vanilleextrakt

150 g Sauerkirschen (aus dem Glas; abgetropft)

Für den Guss:

280 g Puderzucker

1 geh. TL Kakaopulver

etwas flüssige Sahne

1. Für den Teig 160 g Zucker und 3 Eier in der Rührschüssel mit dem Schneebesen schaumig rühren. Butter dazugeben und unterrühren. Die geschmolzene und leicht abgekühlte Kuvertüre dazugeben und unterrühren. Mehl, Backpulver und Kakaopulver mischen. Milch und Sahne verrühren. Abwechselnd Mehl- und Milchmischung in die Schüssel geben und alles zu einem glatten Teig rühren.

2. Für den Frischkäsekern den Frischkäse mit Zucker, Ei und Vanilleextrakt glatt rühren. Eine Gugelhupf-Backform gut mit Butter einfetten. Den Backofen auf 200 °C (Umluft: 180 °C, Gas: Stufe 3) vorheizen.

3. Die Hälfte des Schokoteigs in die Backform füllen. Mithilfe eines Teelöffelrückens in der Mitte eine kleine Rinne formen und mit der Frischkäsemasse sowie den Kirschen füllen. Dabei darauf achten, dass die Füllung nicht an den Rand der Form kommt! Den restlichen Schokoteig daraufgeben und glatt streichen.

4. Den Gugelhupf im vorgeheizten Ofen 50–55 Minuten (Stäbchenprobe) backen. In der Form mindestens 5 Stunden (besser über Nacht) abkühlen lassen, damit der Kuchen beim Stürzen nicht auseinanderbricht.

5. Nach dem vollständigen Abkühlen den Gugelhupf auf eine Platte stürzen. Aus dem Puderzucker mit wenig kaltem Wasser einen zähflüssigen Zuckerguss anrühren. Das Kakaopulver mit so viel Sahne glatt rühren, dass ein ebenfalls zähflüssiger Guss entsteht. Den Kuchen damit dekorieren.

Erdnuss-Schoko-Cheesecake

ZUTATEN

1 Dose gezuckerte
Kondensmilch (400 g)

Für den Teig:

280 g Mehl
1 gestr. TL Backpulver
160 g Zucker
180 g kalte Butter
(gewürfelt)
1 Ei (Größe M)
100 g Zartbitterkuver-
türe (geschmolzen
und abgekühlt)

Für den Cheesecake:

2 Eier (Größe M)
80 g Zucker
600 g Doppelrahm-
frischkäse
1 TL Vanilleextrakt
80 g ungesalzene,
geröstete Erdnüsse

Für den Belag:

100 g Zartbitter-
schokolade
1 Handvoll gesalzene
Erdnüsse

1. Die Banderole der Kondensmilchdose ablösen. Einen hohen Topf mit Wasser füllen und zum Kochen bringen. Die geschlossene Dose in den Topf stellen, sodass sie gut mit Wasser bedeckt ist. 2 Stunden bei niedriger Hitze köcheln lassen. Anschließend abkühlen lassen.

2. Für den Teig Mehl, Backpulver, 160 g Zucker, Butterwürfel, 1 Ei und geschmolzene Kuvertüre in die Rührschüssel geben. Mit dem Flachrührer einen Teig daraus rühren, in Frischhaltefolie wickeln und 15 Minuten in den Kühlschrank legen

3. Ein tiefes Backblech mit Backpapier auslegen. Den Backofen auf 200 °C (Umluft: 180 °C, Gas: Stufe 3) vorheizen.

4. Für den Cheesecake 2 Eier, 80 g Zucker, den Frischkäse und den Vanilleextrakt in die gesäuberte Rührschüssel geben. Mit dem Schneebesen glatt rühren und zum Schluss die Erdnüsse unterheben.

5. Den Schokoteig gleichmäßig auf Boden und Rand des tiefen Backblechs verteilen und dabei mit den Fingern andrücken. Die Frischkäsemasse daraufgeben und glatt streichen. Im vorgeheizten Ofen etwa 40 Minuten backen.

6. Für den Belag die Schokolade in grobe Stücke brechen und auf dem noch warmen Kuchen verteilen. Die gesalzenen Erdnüsse darüberstreuen und den Kuchen in der Form mindestens 5 Stunden (am besten über Nacht) abkühlen und fest werden lassen.

7. Nach dem vollständigen Abkühlen und Festwerden den Kuchen mithilfe des Backpapiers vorsichtig aus der Form heben. Die Kondensmilchdose öffnen und die darin zu Karamell gekochte Kondensmilch dekorativ über den Kuchen träufeln.

Himbeer-Passionsfrucht-Buttermilchkuchen

ZUTATEN

Für den Teig:

200 g weiche Butter
160 g Zucker
3 Eier (Größe M)
300 g Mehl (plus Mehl
   zum Arbeiten)
1 Prise Salz
2 leicht geh. TL Natron
100 ml Himbeerbuttermilch
2 Passionsfrüchte
220 g frische Himbeeren

Für den Guss:

180 g Puderzucker
1 Passionsfrucht
1–2 TL Buttermilch

1. Eine Kastenform (25 cm) mit Backpapier auskleiden. Den Backofen auf 200 °C (Umluft: 180 °C, Gas: Stufe 3) vorheizen.

2. Für den Teig Butter und Zucker in die Rührschüssel geben und mit dem Schneebesen schaumig schlagen. Die Eier zufügen und cremig rühren.

3. Mehl, Salz und Natron mischen. 2 Passionsfrüchte halbieren, mit einem Löffel das Fruchtfleisch herauslösen und zur Himbeerbuttermilch geben. Die Mehlmischung und die Buttermilchmischung nach und nach unter ständigem Rühren mit dem Flachrührer zur Butter-Ei-Masse geben.

4. Die Himbeeren (einige zur Dekoration beiseite legen) vorsichtig mit 1 TL gesiebtem Mehl mischen und langsam mit einem Teigschaber unter den Teig heben. Den Teig in die Kastenform geben, glatt streichen und im vorgeheizten Ofen 50–60 Minuten (Stäbchenprobe) backen. 30 Minuten in der Form abkühlen lassen, dann herauslösen und auf einem Kuchengitter komplett auskühlen lassen.

5. Für den Guss die übrige Passionsfrucht halbieren, mit einem Löffel das Fruchtfleisch herauslösen und mit dem Puderzucker verrühren. So viel Buttermilch unterrühren, dass der Guss zäh ist, aber noch ein wenig vom Löffel läuft. Auf den abgekühlten Kuchen geben und verstreichen. Nach Geschmack mit frischen Himbeeren dekorieren.

Omas Butterkuchen mit Rumrosinen

ZUTATEN

Für die Streusel:

210 g Mehl
120 g kalte Butter
(grob gewürfelt)
100 g Zucker
60 g Mandelstifte

Für den Teig:

60 g Zucker
135 g Magerquark
350 g Mehl
12 g Backpulver
4 EL Rapsöl
2 EL Milch
2 EL brauner Rum
1 Prise Salz
125 g Rumrosinen
60 g kalte Butter
(in Flöckchen)

1. Den Backofen auf 200 °C (Umluft: 180 °C, Gas: Stufe 3) vorheizen. Ein Backblech mit Backpapier auslegen.

2. Für die Streusel aus Mehl, Butterwürfeln, 100 g Zucker und Mandeln einen grob-krümeligen Streuselteig herstellen und kühl stellen.

3. Für den Teig Zucker, Quark, Mehl, Backpulver, Öl, Milch, Rum, Salz und Rumrosinen mit dem Flachrührer verkneten. Auf das Blech geben und mit den Fingern gleichmäßig verteilen. Mit den Fingerspitzen kleine Vertiefungen in den Teig drücken und die Butterflöckchen hineingeben.

4. Die Streusel auf dem Blech verteilen und den Kuchen im vorgeheizten Ofen 30 Minuten goldbraun backen.

Blueberry-Hand-Pies

ZUTATEN

Für den Teig:

250 g Mehl
¼ TL Backpulver
½ TL Salz
1 EL Zucker
230 g kalte Butter
  (klein gewürfelt)
110 g saure Sahne

Für die Füllung:

200 g frische Heidel-
  beeren
2 leicht geh. TL
  Speisestärke
1 EL Zitronensaft
50 g Zucker

Für die Dekoration:

1 verquirltes Ei
brauner Zucker

1. Für den Teig Mehl mit Backpulver, Salz, 1 EL Zucker, Butterwürfeln und saurer Sahne in die Rührschüssel geben. Mit dem Flachrührer schnell zu einem gerade nur so zusammenklebenden Teig kneten. In Frischhaltefolie gewickelt 30 Minuten in den Kühlschrank legen.

2. Für die Füllung die Heidelbeeren mit Stärke, Zitronensaft und 50 g Zucker in einem kleinen Topf vermischen und zum Kochen bringen. Bei mittlerer Hitze ca. 5 Minuten köcheln lassen. Herunternehmen und abkühlen lassen. Den Backofen auf 220 °C (Umluft: 200 °C, Gas: Stufe 4) vorheizen. Ein Backblech mit Backpapier auslegen.

3. Den Teig nochmals grob verkneten, etwa 5 mm dick ausrollen und mithilfe eines Pizzaschneiders in 20 Quadrate von je 10 x 10 cm Größe schneiden. 10 Teigquadrate auf das Backblech legen und jeweils in die Mitte gut 1 EL Heidelbeerfüllung geben. Die Ränder mit etwas verquirltem Ei bestreichen.

4. In die anderen 10 Teigquadrate mit einem spitzen Messer kleine Muster einschneiden (siehe Bild) oder mit einer kleinen Ausstechform Blüten, Sterne o. Ä. ausstechen. Dann auf die Quadrate mit der Füllung legen, an den Rändern festdrücken und mit einer Gabel die Ränder nochmals aneinanderdrücken. Die fertigen Pies mit dem restlichen verquirlten Ei bestreichen und mit etwas braunem Zucker bestreuen.

5. Im vorgeheizten Ofen 18–20 Minuten goldbraun backen. Herausnehmen und mindestens 15 Minuten abkühlen lassen. Abgekühlt oder kalt servieren.

Mohnzopf aus Quark-Öl-Teig

ZUTATEN

Für den Teig:

300 g Mehl
150 g Magerquark
1 Ei (Größe M)
50 g Sonnenblumenöl
35 ml Milch + 1 TL
100 g Zucker
1 Pckg. Backpulver
1 Pckg. Mohn-
  Backfüllung
1 Eigelb (z. Bestreichen)

Für den Guss:

150 g Puderzucker
1 TL Milch

1. Den Backofen auf 180 °C (Umluft: 160 °C, Gas: Stufe 2) vorheizen.

2. Für den Teig Mehl, Quark, Ei, Öl, 35 ml Milch, Zucker und Backpulver in die Rührschüssel geben. Mit dem Flachrührer schnell zu einem geschmeidigen Teig rühren. Den Teig auf einer bemehlten Arbeitsfläche etwa 1 cm dick zu einem Rechteck (ca. 45 x 35 cm) ausrollen. Bis an den Rand mit der Mohnfüllung bestreichen. Von der langen Seite her fest aufrollen.

3. Mit der Naht nach unten auf ein mit Backpapier ausgelegtes Backblech legen. Mit einem sehr scharfen Messer in drei Stränge schneiden, dabei oben ein 3–4 cm breites Stück zusammen lassen. Aus den drei Strängen unterhalb des zusammenhängenden Teigstücks einen Zopf ohne Lücken flechten. Die Enden jeweils unter den Teig heben und leicht andrücken. Das Eigelb mit der übrigen Milch verquirlen und den Zopf damit bestreichen.

4. Im vorgeheizten Ofen etwa 45 Minuten backen. Auskühlen lassen. Aus dem Puderzucker und der Milch einen zähflüssigen Guss anrühren. Den völlig abgekühlten Mohnzopf damit dekorieren. Den Guss vor dem Servieren trocknen lassen.

Brioche-Frühstückszöpfe

ZUTATEN

- ½ Würfel frische Hefe (21 g)
- 130 ml lauwarme Milch
- 65 g Zucker
- 2 EL Ahornsirup
- 1 TL Vanilleextrakt
- 1 Prise Salz
- 3 zimmerwarme Eier (Größe M)
- 150 g Butter (geschmolzen, abgekühlt)
- 500 g Mehl
- 1 Eigelb (zum Bestreichen)

1. Ein Backblech mit Backpapier auslegen. Die Hefe zerbröckeln, gut mit 120 ml warmer Milch und 1 EL Zucker verrühren. Restlichen Zucker, Ahornsirup, Vanille und Salz unterrühren. Die Eier mit der geschmolzenen und abgekühlten Butter verquirlen.

2. Das Mehl in die Rührschüssel sieben. Die Hefemilch und die Eimischung dazugeben und alles mindestens 5 Minuten kräftig durchkneten, bis sich der Teig als Ball vom Schüsselrand löst. Mit einem sauberen Tuch abdecken und an einem warmen Ort 90 Minuten gehen lassen.

3. Den Backofen auf 200 °C (Umluft: 180 °C, Gas: Stufe 3) vorheizen. Den Teig auf einer leicht bemehlten Arbeitsfläche kurz durchkneten, in 4 gleich große Stücke teilen und jedes davon in 3 gleich große Stränge schneiden. Jeweils 3 Teigstränge zu gleich langen Rollen formen und daraus je 1 dicken Zopf flechten. Die Enden dabei jeweils nach unten biegen und die Zöpfe mit etwas Abstand auf das Blech setzen. Wieder abdecken und weitere 20 Minuten gehen lassen. Das Eigelb mit der restlichen Milch (10 ml) verquirlen, die Zöpfe damit bestreichen und im vorgeheizten Ofen ca. 20 Minuten goldbraun backen.

Möhren-Cupcakes

ZUTATEN

Für den Teig:

250 g Mehl

60 g gem. Haselnüsse

1 TL gem. Zimt

2 leicht geh. TL
Backpulver

1 Ei (Größe M)

120 g Zucker

60 g weiche Butter
(zimmerwarm)

200 ml Milch

150 g Möhren (geraspelt)

Für das Topping:

65 g weiche Butter
(zimmerwarm)

130 g Puderzucker

300 g Doppelrahm-
frischkäse

12 kleine Bundmöhren
mit Grün

1. In die Mulden eines Muffinblechs 12 Papierförmchen setzen. Den Backofen auf 200 °C (Umluft: 180 °C, Gas: Stufe 3) vorheizen.

2. Für den Teig Mehl, Haselnüsse, Zimt und Backpulver in einer Schüssel mischen.

3. Ei mit Zucker in die Rührschüssel geben und mit dem Rührbesen schaumig rühren. 60 g Butter dazugeben und verrühren. Nach und nach das Mehlgemisch und die Milch unterrühren, bis ein glatter Teig entsteht. Zum Schluss die geraspelten Möhren unterheben.

4. Den Teig auf die Papierförmchen verteilen und im vorgeheizten Ofen 18–20 Minuten (Stäbchenprobe) backen. Die Papierförmchen aus den Mulden des Muffinblechs nehmen und die Muffins auf einem Kuchengitter komplett auskühlen lassen.

5. Inzwischen für das Topping mit dem Rührbesen 65 g weiche Butter aufschlagen. Den Puderzucker dazusieben und unterrühren. Frischkäse ebenfalls kurz unterrühren und das Topping in den Kühlschrank stellen.

6. Die Möhren waschen, putzen und bis auf einen kleinen Rest vom Grün befreien. Mit einem Sparschäler schälen und von der Länge passend für die Muffins zurechtschneiden.

7. Mit einer kleinen Winkelpalette je 1 gehäuften Esslöffel Frischkäse-Topping auf die Muffins geben. Mit der Palette in Form streichen, in die Mitte je 1 Möhre stecken und servieren.

TIPP:
Die Möhren vor dem Backen bereits in der Länge anpassen und die abgeschnittenen Enden für den Teig direkt mitverwenden!

Choco-Chip-Buns

ZUTATEN

1 Würfel frische Hefe
(42 g)
200 ml lauwarme Milch
100 g Zucker
1 zimmerwarmes Ei
(Größe M)
530 g Mehl
½ TL Salz
100 g backfeste Schoko-
laden-Drops (XXL Chunks)

Fett für die Form
50 g geschmolzene Butter

1. Die Hefe in die Milch bröckeln, 1 EL Zucker dazugeben und unter Rühren auflösen. Das Ei mit 100 ml lauwarmem Wasser verquirlen.

2. Mehl, Salz und restlichen Zucker in der Rührschüssel mischen. Eine Mulde in der Mitte formen und die Hefemilch hineingießen. Mit ein wenig Mehl vom Rand bestäuben und 15 Minuten stehen lassen.

3. Nun die Eiermischung dazugeben und alles mit dem Knethaken 5–7 Minuten zu einem geschmeidigen Teig kneten, bis er sich vom Schüsselrand löst und nicht mehr klebt. Kurz die Schokoladen-Drops unterkneten. Hefeteig mit einem Geschirrtuch abgedeckt an einem warmen Ort 70 Minuten gehen lassen.

4. Den Backofen auf 200 °C (Umluft: 180 °C, Gas: Stufe 3) vorheizen. Den Teig auf einer leicht bemehlten Arbeitsfläche kurz durchkneten und in 12 Stücke gleich große Portionen teilen. Eine große feuerfeste Form einfetten.

5. Aus den Teigstücken Kugeln formen und in die Form setzen. Mit der geschmolzenen Butter bestreichen und abgedeckt weitere 20 Minuten gehen lassen. Anschließend im vorgeheizten Ofen 20–25 Minuten goldbraun backen.

Black Bottom Cheesecake Muffins

FÜR 12 STÜCK

ZUTATEN

Für den Teig:

250 g Mehl
2 gestr. TL Backpulver
1 gestr. TL Natron
70 g Kakaopulver
¼ TL Salz
130 g weiche Butter
180 g Zucker
2 Eier (Größe M)
150 ml Milch
(zimmerwarm)
100 g Zartbitter-
schokolade (gehackt)

Für die Cheesecake-Füllung:

130 g Doppelrahm-
frischkäse
25 g Zucker
1 Ei (Größe M)
1 TL Bio-Zitronenabrieb

1. Die Mulden eines Muffinblechs mit 12 Papierförmchen auslegen. Den Backofen auf 200 °C (Umluft: 180 °C, Gas: Stufe 3) vorheizen.

2. Für den Teig Mehl, Backpulver, Natron, Kakaopulver und Salz in einer Schüssel mischen. Butter und 180 g Zucker in die Rührschüssel geben und mit dem Schneebesen schaumig rühren. 2 Eier dazugeben und alles aufschlagen.

3. Abwechselnd die Mehlmischung und die Milch unterrühren und alles zu einem glatten Teig verarbeiten. Die gehackte Schokolade unterheben.

4. Für die Cheesecake-Füllung in einer Schüssel den Frischkäse mit 25 g Zucker, dem Ei und der Zitronenschale glatt rühren. Je 1 gehäuften Teelöffel Teig in die Papierförmchen geben. Jeweils eine kleine Vertiefung in die Mitte des Teigs drücken und je 1 TL Käsemasse hineinsetzen. Mit so viel Teig bedecken, dass die Förmchen etwa zu ¾ gefüllt sind.

5. Die Muffins im vorgeheizten Ofen etwa 20 Minuten (Stäbchenprobe) backen. Dann die Papierförmchen aus der Form nehmen und die Muffins auf einem Kuchengitter auskühlen lassen.

Osterkekse

ZUTATEN

Für den Teig:

280 g Mehl
1 Ei (Größe M)
Abrieb von 1 Bio-Zitrone
125 g weiche Butter
  (zimmerwarm)
120 g Zucker

Für die Dekoration:

120 g Puderzucker
300 g weißes Fondant
Zuckerperlen nach
  Belieben

1. Zwei Backbleche mit Backpapier auslegen. Den Backofen auf 200 °C (Umluft: 180 °C, Gas: Stufe 3) vorheizen.

2. Aus Mehl, Ei, Zitronenschale, Butter und Zucker einen geschmeidigen Teig herstellen. Die Masse halbieren und die eine Hälfte in Frischhaltefolie wickeln.

3. Die andere Hälfte auf einer bemehlten Arbeitsfläche ca. 4–5 mm dick ausrollen. Figuren daraus ausstechen und mit etwas Abstand auf die vorbereiteten Backbleche legen. So mit dem gesamten Teig verfahren. Die Teigfiguren jeweils 10–12 Minuten im vorgeheizten Ofen backen. Auf einem Kuchengitter komplett auskühlen lassen.

4. Auf eine glatte Arbeitsfläche (ich verwende immer eine Dauerbackmatte als Unterlage) etwas Puderzucker (ca. 20 g) sieben. Das Fondant kurz durchkneten, auf dem Puderzucker mit einem Kunststoffnudelholz etwa 2 mm dick ausrollen und mit den zu den fertigen Keksen passenden Formen ausstechen.

5. Jeden Keks sehr dünn mit etwas Wasser bestreichen. Die jeweils dazu passende Fondantfigur so genau wie möglich darauf platzieren. (Die Ränder eventuell vorsichtig mit den Fingern zurechtschieben, damit sie genau passen.)

6. Aus 100 g Puderzucker und 1–2 TL Wasser einen zähen, aber noch spritzbaren Zuckerguss anrühren. In einen kleinen Spritzbeutel mit kleiner Lochtülle geben und damit Muster auf die Figuren spritzen. Zum Schluss die Kekse nach Belieben mit Zuckerperlen verzieren.

Glasierte Kaffee-Donuts

ZUTATEN

Für den Teig:

300 g Mehl
2 gestr. TL Backpulver
90 g Sonnenblumenöl
100 g Zucker
60 g brauner Zucker
2 Eier (Größe M)
300 ml Milch
2 EL Bittermandel-
   aroma
etwas weiche Butter
   für die Form

Für den Guss:

250 g Puderzucker
2–3 EL kalter starker
   Kaffee

Kaffeepulver nach
   Belieben

1. Den Backofen auf 200 °C (Umluft: 180 °C, Gas: Stufe 3) vorheizen.

2. Für den Teig in einer Schüssel das Mehl mit dem Backpulver mischen. Öl und beide Zuckersorten in die Rührschüssel geben, mit dem Rührbesen schaumig rühren. Eier dazugeben und alles aufschlagen. Milch und Bittermandelaroma zufügen und alles zu einem glatten, eher flüssigen Teig verrühren.

3. Ein Donutblech mit etwas weicher Butter einfetten. Den Teig in einen Spritzbeutel füllen und die Form zu etwa ¾ damit befüllen. Donuts im vorgeheizten Ofen ca. 10 Minuten backen.

4. Herausnehmen und die Donuts sofort aus der Form lösen. (Falls sie etwas festkleben, mit einem dünnen Messer oder einer Palette vorsichtig anheben.) Die Donuts auf einem Kuchengitter auskühlen lassen.

5. Den Puderzucker sieben und mit dem Kaffee zu einem zähflüssigen, aber nicht zu festen Guss verrühren. Die Donuts kopfüber bis etwa zur Hälfte in den Guss tauchen, dabei jeweils leicht drehen. Dann etwas abtropfen lassen, zurück auf das Gitter legen und auf Wunsch mit etwas Kaffeepulver bestäuben. Trocknen lassen und servieren.

Black-Forest-Milchreis-Plunderteilchen

ZUTATEN

280 g kalte Butter

Für den Teig:

500 g Mehl
11 g Trockenhefe
200 ml kalte Milch
80 g Zucker
½ TL Salz
2 gekühlte Eier
(Größe M)
25 g weiche Butter
(zimmerwarm)

Für die Füllung:

100 g Milchreis
200 ml Milch
80 g Zucker
40 ml flüssige Sahne
40 ml Kirschwasser
1 kleines Glas
Sauerkirschen
(abgetropft)

1 Eigelb
1 EL Milch
1 Riegel Zartbitter-
schokolade

1. Ein Stück Frischhaltefolie auf die Arbeitsfläche legen. Die kalte Butter in ca. 1–1,5 cm breite Streifen schneiden und mit einem kleinen Abstand auf die Folie legen. Ein weiteres Stück Folie darüberlegen und mit dem Nudelholz zu einer Platte von ca. 25 x 25 cm ausrollen (dabei dürfen keine Freiräume in der Platte bleiben!). In den Kühlschrank legen.

2. Für den Teig Mehl, Hefe, kalte Milch, 80 g Zucker, Salz, Eier und weiche Butter in die Rührschüssel geben. Mit dem Knethaken gut 4 Minuten zu einem glatten Teig kneten. Kurz mit den Händen durchkneten und zu einer Kugel formen.

3. Für die Füllung Milchreis mit Milch und Zucker zubereiten und abkühlen lassen.

4. Die Rührschüssel mit etwas Mehl bestäuben, Teig hineinlegen und mit einem Geschirrtuch abdecken. Im Kühlschrank 30 Minuten ruhen lassen.

5. In der Zwischenzeit die Sahne und das Kirschwasser unter den erkalteten Milchreis rühren. Milchreis kühl stellen.

6. Den Teig auf einer leicht bemehlten Arbeitsfläche zu einem etwa 42 x 42 cm großen Quadrat ausrollen. Die kalte Butterplatte auswickeln und mittig auf den Hefeteig legen. Die Enden des Teigs über die Butter ziehen und andrücken.

7. Die Teigplatte auf etwas Mehl gut 55 cm lang ausrollen. Das obere Drittel bis zur Mitte einklappen. Überschüssiges Mehl mit einem Pinsel abstäuben. Das untere Drittel auf die beiden Lagen umklappen. In Frischhaltefolie wickeln und 45 Minuten in den Kühlschrank legen.

8. Den Backofen auf 220 °C (Umluft: 200 °C, Gas: Stufe 3–4) vorheizen. Zwei Backbleche mit Backpapier auslegen.

9. Den Teig wieder auf die leicht bemehlte Arbeitsfläche legen, sodass eine offene Seite nach vorne schaut, und auf 80 cm Länge ausrollen. Insgesamt wird dieser Streifen nun viermal gefaltet. Einmal von oben ca. 20 cm einklappen. Mehl mit dem Pinsel abstäuben. Dieses Stück noch mal auf die gleiche Größe einklappen, sodass der Teig drei Lagen hat. Nochmals überschüssiges Mehl abstäuben und das letzte Stück darüberlegen.

10. Nun das Stück so drehen, dass die offene Seite wieder nach vorne schaut. Das Teigstück ca. 40 x 30 cm groß ausrollen und von der kurzen Seite 8 etwa 5 cm breite Streifen abschneiden.

11. Die Streifen leicht in die Länge ziehen und die Seiten gegeneinander und ineinander verdrehen. Jeweils zu einer Schnecke legen, das Ende jeweils unter diese schieben und festdrücken. In die Mitte jeweils mit leicht bemehlten Fingern ein Loch drücken, 4–5 Kirschen und 1 EL Milchreis hineingeben.

12. Die Plunderstücke auf den vorbereiteten Backblechen verteilen. Eigelb und Milch verquirlen und die Plunderstücke damit bestreichen. Pro Blech 13–15 Minuten im vorgeheizten Backofen goldbraun backen.

13. Plunderteilchen auf einem Kuchengitter abkühlen lassen und zum Schluss jeweils etwas Zartbitterschokolade darüberraspeln.

Mohn-Hefe-Waffeln mit Zimtpflaumen

ZUTATEN

Für die Pflaumen:

500 g Pflaumen
40 g Gelierzucker 3:1
½ TL gem. Zimt

Für den Teig:

1 Pckg. Trockenhefe
30 g Zucker
120 ml lauwarme Milch
260 g Mehl
50 g Speisestärke
30 g weiche Butter
1 Fläschchen Butter-
   vanillearoma
1 zimmerwarmes Ei
   (Größe M)
1 Prise Salz
30–40 g Hagelzucker

gem. Mohn
   (nach Belieben)
Puderzucker
   (nach Belieben)

1. Die Pflaumen waschen, trocknen und entsteinen. In Viertel schneiden und mit Gelierzucker, 2 EL Wasser und dem Zimt auf mittlerer Hitze 2–3 Minuten kochen.

2. Für den Teig Hefe und Zucker in die Milch rühren und 5 Minuten stehen lassen. Mehl, Stärke, Butter, Vanillearoma, Ei und Salz in die Rührschüssel geben. Die Hefemilch dazugießen und alles mit dem Knethaken 3–4 Minuten zu einem geschmeidigen Teig kneten. Mit einem Geschirrtuch abdecken und 30 Minuten gehen lassen.

3. Das Waffeleisen vorheizen. Auf einer leicht bemehlten Arbeitsfläche den Teig kurz mit den Händen durchknete, in 12 gleich große Stücke teilen und zu Kugeln formen. Jede Teigkugel flachdrücken und jeweils 1 gestrichenen Teelöffel Hagelzucker in die Mitte geben.

4. Den Teig jeweils zusammenklappen und festdrücken. Im leicht gefetteten Waffeleisen nacheinander 12 knusprige Waffeln backen.

5. Mohn und Puderzucker etwa im Verhältnis 1:3 mischen und mit dem Pflaumenkompott zu den noch warmen Waffeln servieren.

Vanillebuchteln mit Fruchtgrütze

FÜR CA. 12 STÜCK

ZUTATEN

Für den Teig:

35 g frische Hefe
60 g Zucker
220 ml lauwarme Milch
400 g Mehl
55 g weiche Butter
  (zimmerwarm)
1 Ei (Größe M)
1 EL Vanilleextrakt

Für die Grütze:

2 mehlige Äpfel
1 große weiche Birne
1 TL Zitronensaft
30 g Zucker
1 EL Honig
2 leicht geh. TL
  Speisestärke
30 g blanchierte Mandeln

60 g Butter
Puderzucker zum
  Bestäuben

1. Für den Teig die Hefe zerbröckeln und mit 1 TL Zucker in der lauwarmen Milch auflösen. Mehl und den restlichen Zucker in der Rührschüssel mischen, in die Mitte eine Mulde drücken und die Hefemilch hineingeben. Etwas Mehl vom Rand darüberstäuben und 10 Minuten stehen lassen.

2. Weiche Butter, Ei und Vanilleextrakt zum Mehl geben und mit dem Knethaken 5–7 Minuten kneten, bis sich der Teig ohne zu kleben vom Schüsselrand löst. Mit einem Geschirrtuch abgedeckt 60 Minuten an einem warmen Ort gehen lassen.

3. In der Zwischenzeit für die Grütze Äpfel und Birne schälen, entkernen und in kleine Würfel schneiden. In einem Topf sofort mit dem Zitronensaft mischen. 30 g Zucker und Honig zufügen und bei schwacher Hitze leicht köcheln lassen, bis das Obst weich ist.

4. Die Speisestärke mit 2–3 EL kaltem Wasser anrühren, in die köchelnde Masse geben und glatt rühren. Weitere 50 ml Wasser hinzufügen. Die Mandeln sehr fein hacken und untermischen. Die Grütze umfüllen und auskühlen lassen.

5. 60 g Butter zerlassen und leicht abkühlen lassen. Eine feuerfeste Form mit etwas zerlassener Butter ausstreichen. Den Hefeteig kurz auf einer bemehlten Arbeitsfläche durchkneten. In 10 gleich große Stücke teilen, diese zu Kugeln formen und in der flüssigen Butter wenden. In die Form setzen, wieder mit dem Tuch abdecken und nochmals 20 Minuten gehen lassen.

6. Den Backofen auf 200 °C (Umluft: 180 °C, Gas: Stufe 3) vorheizen. Die Buchteln mit der restlichen flüssigen Butter bestreichen und im vorgeheizten Ofen 22 Minuten goldgelb backen. Etwas abkühlen lassen, nach Geschmack mit Puderzucker bestäuben und mit der Grütze servieren.

Chai Semlor

ZUTATEN

Für den Teig:

460 g Mehl
1 Prise Salz
1 geh. TL Chai-
    Gewürzmischung
25 g frische Hefe
240 ml handwarme Milch
70 g Zucker
75 g weiche Butter (plus
    Butter zum Arbeiten)
1 Ei (Größe M)
    (zum Bestreichen)

Für die Füllung:

400 ml Sahne
2 EL Zucker
1 Pckg. Sahnefestiger

100 g Mandelcreme
    mit Vanille
Puderzucker
    (nach Belieben)

1. Für den Teig Mehl, Salz und Chai-Gewürz in der Rühr- schüssel mischen. In einer Schüssel die Hefe in die Milch bröckeln, 1 EL Zucker zufügen und unter Rühren auflösen lassen. Eine Mulde in das Mehl drücken, die Hefemilch hineingießen und mit etwas Mehl vom Rand bestäuben. 10 Minuten stehen lassen. Restlichen Zu- cker und Butter dazugeben. Alles mit dem Knethaken mindestens 5 Minuten durchkneten lassen, bis sich der Teig vom Schüsselrand löst. (Evtl. noch 1 EL Mehl zufü- gen und unterkneten lassen.)

2. Den Teig aus der Schüssel nehmen, mit den Händen kurz auf der Arbeitsfläche durchkneten. Die Rührschüssel ausbuttern, den Teig hineinlegen und 40 Minuten zu- gedeckt an einem warmen Ort bis zur doppelten Größe aufgehen lassen. Den Teig auf eine leicht bemehlte Ar- beitsfläche geben, in 12 gleich große Stücke schneiden und jeweils zu einer glatten Kugel formen. Die Teigku- geln mit etwas Abstand auf ein mit Backpapier ausge- legtes Backblech setzen. Mit einem Tuch abgedeckt wei- tere 45 Minuten gehen lassen. Den Backofen auf 225 °C (Umluft: 205 °C, Gas: Stufe 4–5) vorheizen.

3. Das Ei verquirlen und die Teigkugeln damit bestreichen. Im vorgeheizten Ofen etwa 8 Minuten goldgelb backen. Auf einem Kuchengitter auskühlen lassen.

4. Für die Füllung die Sahne mit 2 EL Zucker und dem Sahnefestiger sehr steif schlagen. Kalt stellen.

5. Von den Brötchen mit einem scharfen Messer jeweils einen Deckel abschneiden. Mithilfe eines Teelöffels mit- tig etwas aushöhlen und die Krümel in einer Schüssel sammeln. Die Krümel mit der Mandelcreme vermischen und in die ausgehöhlten Brötchen füllen.

6. Je etwa 1 gehäuften EL Schlagsahne auf die Füllung geben, vorsichtig die Deckel ganz leicht wieder darauf- setzen und dick mit Puderzucker bestäuben.

Pistazienkekse mit weißer Schokolade

ZUTATEN

85 g Pistazien
280 g Mehl
100 g Zucker
200 g weiche Butter
1 TL Vanilleextrakt
1 Ei (Größe M)
1 Eigelb
100 g weiße Schokolade

1. Von den Pistazienkernen 15 g abnehmen und beiseite-stellen. Den Rest im Blitzhacker oder im Mixer fein mahlen. Mit Mehl, Zucker, Butter, Vanille, Ei und Eigelb in die Rührschüssel geben und mit dem Knethaken zu einem glatten Teig kneten. In Frischhaltefolie wickeln und 20 Minuten in den Kühlschrank legen.

2. Den Backofen auf 200 °C (Umluft: 180 °C, Gas: Stufe 3) vorheizen und zwei Backbleche mit Backpapier auslegen.

3. Die Arbeitsfläche mit etwas Mehl bestäuben und die Hälfte des Teigs darauf zu einer ca. 3 cm dicken Rolle formen. Davon 4,5–5 cm dicke Scheiben abschneiden und mit etwas Abstand auf 1 Backblech verteilen. Im vorgeheizten Ofen 8–10 Minuten backen, herausnehmen und auf einem Kuchengitter auskühlen lassen. Mit dem übrigen Teig ebenso verfahren.

4. Die Schokolade hacken. 75 g davon im warmen Wasserbad schmelzen (nicht zu heiß, weiße Schokolade schmilzt bereits bei niedrigen Temperaturen). Die geschmolzene Schokolade vom Wasserbad nehmen, die restliche gehackte Schokolade dazugeben und unterrühren. (So behält die Schokolade ihren Glanz.)

5. Die restlichen Pistazien hacken. Zum Verzieren je ½ TL flüssige Schokolade auf jeden Keks geben, mit etwas gehackten Pistazien bestreuen und fest werden lassen.

Süße Buttermilch-Dinkel-Brötchen

ZUTATEN

- ½ Würfel frische Hefe (21 g)
- 180 ml Buttermilch (lauwarm)
- 120 g Zucker
- 65 g weiche Butter
- 460 g helles Dinkelmehl
- 1 Ei (Größe M)
- 1 EL Vanilleextrakt
- 1 Eigelb
- 1 TL Milch
- Hagelzucker

1. In einer Schüssel die Hefe in die Buttermilch bröseln, 1 TL Zucker zufügen und rühren, bis die Hefe sich aufgelöst hat. Den übrigen Zucker mit Butter, Mehl, Ei und Vanilleextrakt in die Rührschüssel geben und die Hefemilch dazugießen. Alles mit dem Knethaken mindestens 5 Minuten zu einem glatten Teig kneten, der sich vom Schüsselrand löst.

2. Den Teig auf einer leicht bemehlten Arbeitsfläche kurz durchkneten. Die Rührschüssel mit etwas Mehl ausstreuen, den Teig wieder hineinsetzen und mit einem Geschirrtuch abdecken. An einem warmen Ort 20 Minuten gehen lassen.

3. Den Teig auf der leicht bemehlten Arbeitsfläche erneut kurz durchkneten und in 8 gleich große Portionen teilen. Zu Kugeln formen und auf ein mit Backpapier ausgelegtes Backblech setzen. Den Backofen auf 200 °C (Umluft: 180 °C, Gas: Stufe 3) vorheizen. Die Brötchen abgedeckt weitere 25 Minuten gehen lassen.

4. Das Eigelb mit der Milch verquirlen. Die Brötchen mit einem schmalen, spitzen und sehr scharfen Messer jeweils einmal in der Mitte längs tief einschneiden. Mit der Eigelb-Mischung bestreichen und mit Hagelzucker bestreuen. Im vorgeheizten Ofen etwa 18 Minuten goldgelb backen und auf einem Kuchengitter auskühlen lassen.

Double-Choc-Cookies

ZUTATEN

- 180 g Zartbitter-
  schokolade
- 100 g Vollmilch-
  schokolade
- 35 g zimmerwarme
  Butter
- 80 g brauner Zucker
- 100 g Zucker
- 55 g Mehl
- 20 g Backkakao
- ¼ TL Salz
- ¼ TL Backpulver

1. Die Zartbitterschokolade grob hacken. 80 g beiseitestellen, den Rest in eine Metallschüssel geben. Die Vollmilchschokolade ebenfalls grob hacken, dazugeben und beide Sorten über einem warmen Wasserbad schmelzen.

2. Die Butter mit beiden Zuckersorten in die Rührschüssel geben und mit dem Flachrührer aufschlagen. Die geschmolzene und etwas abgekühlte Schokolade unterrühren. Mehl, Backkakao, Salz und Backpulver mischen und unterheben. Zum Schluss die übrige gehackte Schokolade ebenfalls unterheben und den Teig abgedeckt in den Kühlschrank stellen.

3. Ein Backblech mit Backpapier auslegen. Aus dem Teig mit einem Esslöffel 20 Portionen abstechen. Mit ein wenig Abstand auf das Backblech legen und im vorgeheizten Ofen etwa 8 Minuten backen.

Backen für Weihnachten

Lebkuchen-Baumschmuck

ZUTATEN

Für den Teig:

320 g Mehl
1–2 EL Lebkuchen-
  gewürz
1 Ei (Größe M)
50 g weiche Butter
100 g Zucker
170 g Honig

Für die Glasur:

1 Eiweiß (M)
150–180 g Puderzucker

1. Für den Teig Mehl, Lebkuchengewürz, Ei, Butter, Zucker und Honig in die Rührschüssel geben und mit dem Flachrührer zu einem geschmeidigen, nicht mehr klebenden Teig verarbeiten. (Sollte der Teig noch an den Fingern kleben, 1 EL zusätzliches Mehl unterarbeiten.) In Frischhaltefolie wickeln und für 30 Minuten in den Kühlschrank legen.

2. Zwei Backbleche mit Backpapier auslegen und den Backofen auf 200 °C (Umluft: 180 °C, Gas: 3) vorheizen. Den Teig halbieren, die eine Hälfte eingewickelt zurück in den Kühlschrank legen und die andere Hälfte auf etwas Mehl 7 mm dick ausrollen.

3. Figuren daraus ausstechen, mit etwas Abstand auf eins der Bleche legen und mit einem Schaschlikspieß jeweils ein Loch für die Aufhängung einstechen. Im vorgeheizten Ofen 7–9 Minuten backen.

4. Die Lebkuchen aus dem Ofen nehmen und die Löcher nochmals durchstechen. Lebkuchen auf einem Kuchengitter auskühlen lassen und den restlichen Teig ebenso verarbeiten und backen.

5. Für die Glasur das Eiweiß mit dem Schneebesen steif schlagen. Den Puderzucker dazusieben und die Masse glatt rühren. In eine Papierspritztülle oder einen kleinen Spritzbeutel mit kleiner Lochtülle füllen. Die Lebkuchen mit dem Zuckerguss dekorieren und trocknen lassen.

Nougatkipferl

ZUTATEN

- 100 g Nougat-
  schokolade
- 50 g weiche Butter
- 1 Ei (Größe M)
- 30 g Zucker
- 120 g Mehl
- ¼ TL Backpulver
- 60 g gem. Walnuss-
  kerne
- Puderzucker zum
  Bestäuben

1. Nougatschokolade in Stücke brechen und über einem warmen Wasserbad schmelzen. Vom Wasserbad nehmen und leicht abkühlen lassen.

2. Butter, Ei, Zucker, Mehl, Backpulver und Walnüsse in die Rührschüssel geben. Mit dem Flachrührer zu einem Teig rühren, dann die Schokolade kurz unterrühren. Den Teig in Frischhaltefolie wickeln und 1–2 Stunden in den Kühlschrank legen. Den Backofen auf 200 °C (Umluft: 180 °C, Gas: Stufe 3) vorheizen. Ein Backblech mit Backpapier auslegen. Den Teig aus der Folie nehmen und prüfen, ob er noch an den Händen klebt (in diesem Fall noch 1 EL Mehl unterkneten).

3. Den fertigen Teig in ca. 20 Stücke (Walnussgröße) teilen, jeweils zu einer 10 cm langen Rolle formen und auf dem Backblech zu Kipferln legen. Im vorgeheizten Ofen 8–9 Minuten backen und noch warm mit Puderzucker bestäuben.

Linzer Sterne

ZUTATEN

350 g Mehl
250 g kalte gewürfelte
    Butter
130 g Zucker
1 Eiweiß
1 Fläschchen Rum-
    aroma

Für die Dekoration:

Puderzucker
rote Johannis-
    beerkonfitüre

1. Mehl, Butterwürfel, Zucker, Eiweiß und Rumaroma in die Rührschüssel geben. Mit dem Flachrührer zu einem glatten Teig kneten, in Frischhaltefolie wickeln und 30 Minuten in den Kühlschrank legen.

2. Zwei Backbleche mit Backpapier auslegen. Den Backofen auf 200 °C (Umluft: 180 °C, Gas: Stufe 3) vorheizen.

3. Den Teig auf einer leicht bemehlten Arbeitsfläche 5 mm dünn ausrollen. Die eine Hälfte des Teiges mit geschlossenen Sternen, die andere mit offenen Sternen ausstechen. Auf den Backblechen verteilen und jeweils 6–8 Minuten backen (die Sterne sollten möglichst hell bleiben!). Auf einem Kuchengitter auskühlen lassen.

4. Die offenen Sterne mit Puderzucker bestäuben. Die Konfitüre glatt rühren, in die Mitte der geschlossenen Sterne jeweils knapp 1 TL davon geben und je 1 offenen Stern daraufsetzen. Die Plätzchen trocknen lassen.

Marzipan-Mandel-Stangen

ZUTATEN

Für den Teig:

200 g Marzipanroh-
masse
100 g Puderzucker
1–2 geh. TL Zimt,
Spekulatius- oder
Christstollen-Gewürz
100 g gem. Mandeln
40 ml Milch

Für die Dekoration:

100 g Mandelblättchen
100 g Weihnachts-
schokolade

1. Für den Teig das Marzipan mit Puderzucker, Gewürz, gemahlenen Mandeln und Milch mit dem Flachrührer verrühren. Die Masse in Folie gewickelt 30 Minuten in den Kühlschrank legen.

2. Ein Backblech mit Backpapier auslegen und den Back-ofen auf 200 °C (Umluft: 180 °C, Gas: Stufe 3) vorheizen. Eine kleine Schale mit Wasser bereitstellen. In eine wei-tere flache Schale die Mandelblättchen hineingeben.

3. Den Marzipanteig in 12 gleich große Stücke teilen. Mit leicht angefeuchteten Härden daraus jeweils eine ca. 10 cm lange Rolle formen und dann etwas flach und in Stangenform drücken. Die Stangen rundherum in den Mandelblättchen wenden und dabei etwas festdrücken.

4. Die Stangen auf dem Backblech verteilen und im vor-geheizten Ofen 10–12 Minuten goldbraun backen. Das Blech herausnehmen und die Stangen auf dem Blech völlig auskühlen lassen.

5. Die Schokolade grob hacken und über einem warmen Wasserbad schmelzen. Die Marzipan-Mandel-Stangen nacheinander mit einem Ende hineintauchen, etwas abtropfen und auf einem Stück Backpapier fest werden lassen.

Orangen-Nougat-Bäume

ZUTATEN

Für den Teig:

150 g Mehl
60 g Zucker
100 g kalte Butter
  (gewürfelt)
2 TL Orangenabrieb
1 Fläschchen Orangen-
  aroma
½ TL Vanilleextrakt

Für die Dekoration:

1 Ei
30 g gehackte Hasel-
  nusskerne
Nuss-Nougat-Creme
Puderzucker

1. Ein Backblech mit Backpapier auslegen. Den Backofen auf 200 °C (Umluft: 180 °C, Gas: Stufe 3) vorheizen.

2. Für den Teig Mehl, Zucker, Butterwürfel, Orangenschale und -aroma sowie Vanille in die Rührschlüssel geben. Zu einem geschmeidigen Teig kneten.

3. Den Teig auf der leicht bemehlten Arbeitsfläche etwa 4 mm dünn ausrollen. Mit einem ca. 5 cm langen Tannenbaumausstecher 36 Bäume ausstechen und auf das Backblech legen.

4. Das Ei in einer Schüssel verquirlen. Die Hälfte der Bäumchen mit dem verquirlten Ei bestreichen und mit gehackten Haselnusskernen bestreuen. Alle Bäume im vorgeheizten Ofen etwa 8 Minuten backen und auf einem Kuchengitter auskühlen lassen.

5. Die Unterseite der nicht mit Eigelb bestrichenen Bäumchen mit etwas Nuss-Nougat-Creme bestreichen. Je 1 bestrichenes und mit Haselnuss bestreutes Bäumchen daraufsetzen und jeweils mit etwas Puderzucker bestäuben.

Kleine Schoko-Nuss-Pies

ZUTATEN

Für den Teig:

450 g Mehl
150 g Zucker
1 TL Vanilleextrakt
1 Ei
200 g kalte Butter
  (gewürfelt)
1 EL saure Sahne

Für die Füllung:

180 g gemischte
  Nusskerne (gehackt)
3 EL brauner Zucker
1 ½ TL Butter
1 TL Lebkuchengewürz
80 g Nuss-Nougat-
  Creme
50 g Zartbitter-
  schokolade (gehackt)
40 g Puderzucker
100 ml gezuckerte
  Kondensmilch

1. Für den Teig Mehl, Zucker, Vanille, Ei und Butterwürfel in die Rührschüssel geben und mit dem Flachrührer zu einem krümeligen Teig verkneten. Die saure Sahne zufügen und den Teig glatt kneten. In Frischhaltefolie wickeln und in den Kühlschrank legen.

2. Für die Füllung die Nüsse in einer beschichteten Pfanne anrösten. Braunen Zucker und 2 EL Wasser untermischen und rühren, bis der Zucker zu schmelzen beginnt. Die Butter und das Lebkuchengewürz dazugeben und alles weiterrühren, bis die Nüsse leicht ummantelt sind. Die Pfanne von der Kochstelle ziehen. Nougatcreme und Schokolade hineingeben und unter Rühren schmelzen lassen. Den Puderzucker darübersieben, die Kondensmilch dazugießen und alles zu einer glatten Masse verrühren.

3. Die Masse abkühlen lassen. Die 12 Mulden eines Muffinblechs etwas ausfetten. Den Teig aus der Frischhaltefolie wickeln und auf einer leicht bemehlten Arbeitsfläche ca. 8 mm dick ausrollen. Mit einem Wellenrand-Ausstecher (7–8 cm Durchmesser) 12 große Kreise ausstechen. Restlichen Teig wieder kühl stellen.

4. Die Teigkreise leicht mit den Fingern flachdrücken und dabei drehen. Je 1 in jede Muffinblech-Mulde legen und mit den Fingern so formen, dass jeweils ein kleiner Rand von ca. 2,5 cm Höhe entsteht. Die Nuss-Schoko-Füllung hineingeben.

5. Den übrigen Teig gut 4 mm dick ausrollen, daraus nach Belieben kleine Motive ausstechen und auf die gefüllten Teigkreise setzen.

6. Das Muffinblech für 20 Minuten in den Kühlschrank stellen. In der Zwischenzeit den Backofen auf 200 °C (Umluft: 180 °C, Gas: Stufe 3) vorheizen. Das Muffinblech direkt aus dem Kühlschrank für 18–20 Minuten in den Ofen schieben. Die Pies 10 Minuten in der Form abkühlen lassen, dann mit einem spitzen Messer die Ränder leicht lösen und die Pies vorsichtig herausheben.

Rednose-Reindeer-Cookies »Rudi«

ZUTATEN

Für den Teig:

220 g kalte Butter
  (gewürfelt)
200 g Zucker
1 Ei (Größe M)
1 gestr. TL Backpulver
370 g Mehl

Für die Dekoration:

70 g Zartbitter-
  schokolade
30 rote Mini-Schoko-
  linsen

1. Für den Teig Butterwürfel, Zucker, Ei, Backpulver und Mehl in die Rührschüssel geben und mit dem Flachrührer zu einem glatten Mürbeteig kneten. In Frischhaltefolie wickeln und 20 Minuten in den Kühlschrank legen.

2. 2 Backbleche mit Backpapier auslegen; Backofen auf 200 °C (Umluft: 180 °C, Gas: Stufe 3) vorheizen.

3. Den Teig auf etwas Mehl 7 mm dick ausrollen und 5–6 cm große Kreise daraus ausstechen. Auf den Blechen verteilen und jeweils 8–10 Minuten backen. Auf einem Kuchengitter auskühlen lassen.

4. Die Schokolade über einem Wasserbad schmelzen. In eine kleine Papierspritztüte oder einen kleinen Spritzbeutel mit sehr feiner Lochtülle füllen und damit Geweih, Augen und Mund auf die Cookies spritzen.

5. Je 1 etwas größeren Punkt für die Nase aufspritzen und je 1 Schokolinse daraufkleben. Schokolade fest werden lassen.

Herzhaftes

TIPP:
Dazu passt ein Saure-Sahne-Dip.

Champignon-Galette

ZUTATEN

Für den Teig:

120 g kalte Butter
100 g Mehl
50 g Maismehl
½ TL Salz
Pfeffer aus der Mühle
3 EL frisch gehackte
  Petersilie
1 Eigelb

Für die Füllung:

400 g Champignons
1 mittelgroße rote
  Zwiebel
½ Bund Petersilie
1 TL Butterschmalz
Salz
Pfeffer aus der Mühle
¼ TL getr. Knoblauch
¼ TL Chiliflocken
¼ TL getr. Thymian

1 Eigelb
1 TL Milch

1. Die kalte Butter würfeln. Mit den beiden Mehlsorten, ½ TL Salz und etwas Pfeffer, gehackter Petersilie und Eigelb in die Rührschüssel geben und mit dem Flachrührer die Butter schnell grob in das Mehl kneten. (Dabei sollen noch Butterstücke sichtbar bleiben.)

2. 30 ml sehr kaltes Wasser dazugeben und alles rasch zu einem Teig verkneten. Der Teig in Frischhaltefolie wickeln und 1 Stunde in den Kühlschrank legen.

3. Inzwischen für die Füllung die Champignons putzen und in ca. 5 mm dünne Scheiben schneiden. Zwiebel abziehen und in schmale Ringe schneiden. Die Petersilie waschen, trocken schütteln und hacken.

4. In einer Pfanne bei mittlerer Hitze das Butterschmalz zerlassen. Pilze und Zwiebeln darin andünsten. Mit Salz, Pfeffer und den übrigen Gewürzen abschmecken. Etwa ¾ der Petersilie untermischen und abkühlen lassen.

5. Den Backofen auf 200 °C (Umluft: 180 °C, Gas: Stufe 3) vorheizen. Auf der Arbeitsfläche ein Stück Backpapier auslegen und mit nicht zu wenig Mehl bestäuben (durch die Butter klebt der Teig etwas mehr als gewohnt). Den Teig aus der Folie wickeln und mit einem Nudelholz zu einem Oval (ca. 40 x 30 cm) ausrollen. In die Mitte die leicht abgetropfte Pilzfüllung geben und gleichmäßig verteilen. Dabei rundherum einen Rand von ca. 5 cm frei lassen.

6. Mithilfe des Backpapiers den Rand überlappend auf die Füllung umklappen und rundherum leicht andrücken. Das übrige Eigelb mit der Milch verquirlen und den Rand damit bepinseln.

7. Das Backpapier auf ein Backblech ziehen und die Pastete im vorgeheizten Ofen etwa 30 Minuten goldbraun backen. Mit der restlichen Petersilie bestreuen und servieren.

Chicken-Pie mit Gemüse

ZUTATEN

Für den Teig:

450 g Mehl
½ TL Salz
1 Ei (Größe M)
230 g kalte Butter
  (gewürfelt)

Für die Füllung:

400 g Hähnchenbrust-
  filet
Salz
Pfeffer aus der Mühle
1 TL Butterschmalz
50 g gemischtes TK-
  Gemüse (aufgetaut)
100 g Pellkartoffeln
  (gewürfelt)

Für die Soße:

40 g weiche Butter
1 kleine Zwiebel
  (gewürfelt)
1 Knoblauchzehe
  (fein gehackt)
70 g Mehl
300 ml kalte Geflügel-
  brühe
200 ml Sahne
Salz
Pfeffer aus der Mühle
je ½–1 TL Oregano,
  Thymian und
  geräuchertes
  Paprikapulver

1 Ei (Größe M)

1. Für den Teig 450 g Mehl, Salz, Ei und Butterwürfel in die Rührschüssel geben. Mit dem Flachrührer auf mittlerer Geschwindigkeit zu einem grob-krümeligen Teig rühren. Nun 1 EL kaltes Wasser dazugeben und kurz abwarten. Der Teig soll gerade so feucht sein, dass er zusammenklebt. Evtl. 1 weiteren EL Wasser zufügen. Hat der Teig die richtige Konsistenz, zu einer Kugel formen, in Frischhaltefolie wickeln und 1 Stunde kalt stellen.

2. Für die Füllung Hähnchenbrustfilet abspülen, trocken tupfen, salzen und pfeffern. In einer beschichteten Pfanne mit 1 TL Butterschmalz anbraten und bei schwacher Hitze etwa 20–25 Minuten garen. Auskühlen lassen und in ca. 1 x 1 cm große Würfel schneiden. Anschließend in eine Schüssel geben und mit dem Gemüse und den Kartoffelwürfeln mischen.

3. In einem Topf die Butter schmelzen lassen. Zwiebel und Knoblauch darin glasig dünsten. 70 g Mehl mit einem Schneebesen einrühren und kurz anschwitzen. Dann unter ständigem Rühren die Brühe angießen.

4. Zum Schluss die Sahne ebenfalls unter ständigem Rühren dazugießen. Die Füllung untermischen. Mit Salz, Pfeffer, Kräutern und Paprikapulver abschmecken. Den Backofen auf 200 °C (Umluft: 180 °C, Gas: Stufe 3) vorheizen.

5. Den gekühlten Teig auf einer gut bemehlten Arbeitsfläche in 2 Portionen teilen, davon sollte die eine etwas größer als die andere Hälfte sein. Dieses größere Teigstück mit den Fingern grob zu einer Platte formen und mit einem bemehlten Nudelholz rund ausrollen (ca. 45 cm Durchmesser).

6. Die Teigplatte auf das Nudelholz aufrollen und über einer Pie-Form (28 cm Durchmesser) vorsichtig wieder abrollen. Den Teig leicht festdrücken und bis auf einen Rand von ca. 2 cm über dem Rand der Form abschneiden.

7. Das kleinere Teigstück für den »Deckel« ebenso, aber nur auf ca. 32 cm Durchmesser ausrollen. Die Hähnchenfüllung in die Pie-Form geben und glatt streichen. Den Teigdeckel auf das Nudelholz rollen und über der Form abrollen. Die Enden zusammen nach innen einschlagen und dabei leicht festdrücken.

8. Die Mitte des Teigdeckels mit einem spitzen Messer mehrmals leicht einschneiden, damit der Dampf beim Garen entweichen kann. Das übrige Ei verquirlen, den Teigdeckel damit bestreichen und den Pie im vorgeheizten Ofen etwa 45 Minuten backen.

TIPP:
Dazu schmeckt ein gemischter Salat.

Thunfisch-Artischocken-Calzoni

ZUTATEN

Für den Teig:

15 g frische Hefe
600 g Mehl
½ TL Zucker
50 ml Olivenöl
50 ml zimmerwarme
    Milch
1 TL Salz

Für die Füllung:

160 g in Öl eingelegte
    Artischocken
    (Abtropfgewicht;
    Öl bitte auffangen)
150 g Thunfisch im
    eigenen Saft (Dose;
    Abtropfgewicht)
1 rote Zwiebel
1 Knoblauchzehe
50 g getrocknete
    Tomaten
200 g körniger
    Frischkäse
Salz
Pfeffer aus der Mühle

etwas Olivenöl
frisch geriebener
    Parmesan
    (nach Belieben)

1. Für den Teig in einer Schüssel die Hefe in 320 ml hand-warmes Wasser bröckeln. Zucker zufügen und alles verrühren, bis sich die Hefe aufgelöst hat. Das Mehl in die Rührschlüssel geben. In die Mitte eine Vertiefung drücken und die Hefemischung hineingießen.

2. Mit den Fingern etwas Mehl vom Rand über das Wasser stäuben und den Vorteig 15 Minuten gehen lassen. Nun Olivenöl, Milch sowie Salz zufügen und alles mit dem Knethaken 5 Minuten durchkneten. Abgedeckt 1 Stunde an einem warmen Ort gehen lassen.

3. Inzwischen für die Füllung die Artischocken in mund-gerechte Stücke schneiden. Thunfisch in kleine Stücke zupfen. Zwiebel und Knoblauch abziehen, fein würfeln bzw. durchpressen. Tomaten fein hacken. Alles mit dem Frischkäse verrühren, mit Salz und Pfeffer abschme-cken. Den Backofen auf 220 °C (Umluft: 200 °C, Gas: Stufe 4) vorheizen. Zwei Backbleche mit Backpapier auslegen.

4. Den aufgegangenen Hefeteig auf einer leicht bemehl-ten Arbeitsfläche mit den Händen einmal gut durch-kneten und in 18–20 etwa gleich große Stücke teilen. Jedes Teigstück zu einer Kugel formen und auf etwas Mehl etwa 20 cm rund ausrollen.

5. Auf die untere Hälfte der so entstandenen Mini-Pizzen jeweils mittig 1 gut gehäuften EL Füllung geben. Die obe-re Hälfte jeweils darüberklappen. Zum Verschließen mit den Fingern die Ränder jeweils fest aufeinanderdrü-cken.

6. Die Calzoni mit ein wenig Abstand auf die Backbleche legen. Mit einem spitzen Messer jeweils oben einritzen, damit der Dampf entweichen kann. Mit etwas Öl bestrei-chen und mit wenig Parmesan bestreuen. Nochmals 15 Minuten ruhen lassen, dann im vorgeheizten Ofen 15–20 Minuten backen.

Kartoffel-Brokkoli-Teigtaschen

ZUTATEN

Für die Füllung:

400 g festkochende
  Kartoffeln
180 g Brokkoli (in
  Röschen geteilt)
200 g saure Sahne
80 g geriebener
  Parmesankäse
Salz
Pfeffer aus der Mühle
¼ TL Muskatnuss

Für den Teig:

360 g Mehl
200 g kalte Butter
  (gewürfelt)
1 Eigelb
1 TL Salz

Zum Bestreichen:

1 Eigelb
1 EL Milch
1 EL schwarzer Sesam
1 EL heller Sesam

1. Für die Füllung die Kartoffeln waschen, schälen, würfeln und in kochendem Salzwasser ca. 15 Minuten garen. Abgießen und abdampfen lassen. Die Brokkoliröschen ebenfalls in Salzwasser 2–3 Minuten garen. Abgießen, eiskalt abschrecken und abkühlen lassen.

2. Den Backofen auf 200 °C (Umluft: 180 °C, Gas: Stufe 3) vorheizen. Die Kartoffeln mit einer Gabel grob zerdrücken. Saure Sahne und Parmesankäse untermischen. Mit Salz, Pfeffer und Muskat abschmecken. Brokkoliröschen vorsichtig unterheben.

3. Für den Teig Mehl, Butter, Eigelb und Salz mit dem Flachrührer zu einem krümeligen Teig kneten. Nach und nach 5–7 EL kaltes Wasser dazugeben und jeweils schauen, wie sich der Teig verhält – er sollte geschmeidig, aber nicht zu feucht werden.

4. Auf einer bemehlten Arbeitsfläche den Teig etwa 7 mm dick ausrollen und in ca. 11 x 11 cm große Quadrate schneiden. Auf das untere Dreieck jeweils mittig 1 EL der Füllung geben. Das obere Dreieck vorsichtig darüberklappen und mithilfe einer Gabel die Ränder fest aneinanderdrücken.

5. Die Taschen auf ein mit Backpapier ausgelegtes Backblech legen. Übriges Eigelb mit der Milch verquirlen und die Teigtaschen damit bestreichen. Mit dem Sesam bestreuen und im vorgeheizten Ofen etwa 12 Minuten goldbraun backen.

TIPP:
Dazu schmeckt ein Dip mit saurer
Sahne oder Joghurt und Zitronensaft.

Dänische Plunderteig-Brötchen

ZUTATEN

Für den Hefeteig:

500 g Mehl
11 g Trockenhefe
1 TL Zucker
1 EL Salz
200 ml Milch
2 Eier (Größe M)
25 g weiche Butter
(zimmerwarm)

Für die Verzierung:

280 g eiskalte Butter
2 Eigelbe
1 EL Mohnsamen
(oder mehr)
1 EL Sesamsamen
(oder mehr)

1. Für den Teig Mehl, Trockenhefe, Zucker und Salz in der Rührschüssel mischen. Milch, Eier und die weiche Butter zufügen. Mit dem Knethaken 4–5 Minuten zu einem glatten Teig kneten.

2. Auf einer leicht bemehlten Arbeitsfläche mit den Händen durchwalken und zu einer Kugel formen. Die Schüssel mit etwas Mehl ausstäuben, die Teigkugel hineinlegen und mit einem Tuch abdecken. An einem warmen Ort 30 Minuten gehen lassen.

3. Für die Verzierung die eiskalte Butter in ca. 1 cm dicke Scheiben schneiden und zwischen zwei Lagen Klarsichtfolie auf die Größe 25 x 25 cm ausrollen. Dabei sollen keine Lücken entstehen und der Rand sollte mit einem Teigspatel geradegeschoben werden. 30 Minuten in den Kühlschrank legen

4. Den Teig auf einer bemehlten Arbeitsfläche zu einem Quadrat von ca. 45 x 45 cm ausrollen, dabei nicht mehr kneten. Die kalte Butterplatte aus der Folie nehmen und in die Mitte des Teigquadrats setzen.

5. Nun den Hefeteig wie einen Brief über die Butter legen, dabei gegebenenfalls etwas ziehen und die Ränder mit den Fingern verschließen. In Frischhaltefolie gewickelt 45 Minuten in den Kühlschrank legen.

6. Den Teig wieder auf eine leicht bemehlte Fläche geben und ihn auf ca. 70 cm Länge ausrollen. Das obere Drittel bis auf die Mitte klappen. Mit einem Pinsel das überschüssige Mehl abstäuben und das andere Drittel bis zur Mitte auf die zwei eingeklappten Lagen klappen.

7. Die Teigplatte herumdrehen, sodass die offenen Lagen nach vorne zeigen. Nochmals auf etwas Mehl auf 70 cm Länge ausrollen. Abermals so falten wie im Schritt davor. Achtung: Sollte der Teig zu warm werden und sich nicht mehr gut verarbeiten lassen, in Frischhaltefolie wickeln und nochmals für 30 Minuten in den Kühlschrank legen! Wieder herumdrehen, sodass die offe-

ne Seite nach vorne zeigt. Zum Schluss ein drittes Mal länglich ausrollen und falten. Nun das Stück auf eine Länge von 40 x 30 cm ausrollen. Der Länge nach in der Mitte halbieren, je Seite 4–5 trapezförmige Teigstücke herausschneiden und auf ein mit Backpapier ausgelegtes Backblech setzen.

8. Die Eigelbe verquirlen und die Brötchen damit bestreichen. Mohn und Sesam nicht zu sparsam daraufstreuen und die Brötchen 30 Minuten ruhen lassen. Den Backofen auf 220 °C (Umluft: 200 °C, Gas: Stufe 3–4) vorheizen. Nach der Ruhezeit die Brötchen darin 12–15 Minuten goldbraun backen.

Karamellisierte Zwiebel-Crostata mit Ziegenkäse

ZUTATEN

Für den Teig:

150 g Mehl
120 g Buchweizenmehl
1 Prise Zucker
½ TL Salz
200 g eiskalte Butter
(gewürfelt)

Für die Füllung:

1 kg rote Zwiebeln
½ TL Butter
Salz
Pfeffer aus der Mühle
1 EL frische Thymian-
blättchen
150 g brauner Zucker

1 Eigelb (Größe M)
1 Rolle Ziegenfrisch-
käse

1. Für den Teig Mehl, Buchweizenmehl, 1 Prise Zucker und Salz in der Rührschüssel miteinander mischen. Mit dem Flachrührer die kalte Butter unter die Mischung arbeiten. Der Teig sollte noch krümelig sein, sodass man noch deutlich Butterflocken erkennt.

2. Nach und nach 60–80 ml eiskaltes Wasser dazugeben und verrühren. Es soll ein grober Teig entstehen, der nur eben so gebunden scheint. Den Teig zu einer etwa 4 cm dicken Scheibe drücken, in Frischhaltefolie wickeln und in den Kühlschrank legen.

3. Für die Füllung die Zwiebeln schälen und in dünne Ringe schneiden. In einer großen Pfanne mit der Butter andünsten. Salz, Pfeffer, Thymian und Zucker dazugeben und bei mittlerer Hitze 5 Minuten köcheln und karamellisieren lassen. Beiseitestellen und abkühlen lassen.

4. Auf die Arbeitsfläche ein großes Stück Backpapier legen und mit etwas Mehl bestäuben. Den Teig auswickeln, darauflegen und mit einem bemehlten Rollholz auf ca. 40 cm Durchmesser ausrollen. Die abgekühlten Zwiebeln auf dem Teig verteilen, dabei rundherum einen Rand von gut 5–6 cm frei lassen. Mithilfe des Backpapiers den Rand Stück für Stück rundherum über die Füllung klappen. Die dabei entstehende Überlappung leicht festdrücken.

5. Das Eigelb verquirlen und den Teigrand damit bestreichen. Die Ziegenkäserolle in etwa 1,5 cm dicke Scheiben schneiden, auf den Zwiebeln verteilen und die Crostata im vorgeheizten Ofen etwa 35 Minuten goldbraun backen.

Pizzazungen

ZUTATEN

Für den Teig:

12 g frische Hefe
1 TL Zucker
250 Mehl
1 TL Salz
30 ml Olivenöl

Für den Belag:

150 g Doppelrahm-
    frischkäse
Salz
Pfeffer aus der Mühle
gem. Muskatnuss
1 rote Zwiebel
2 Handvoll frischer
    Babyspinat
8 Kugeln Mini-
    Mozzarella
1 Eigelb

1. Für den Teig in einer Schüssel die Hefe in 125 ml lauwarmes Wasser bröckeln, Zucker zufügen und beides durch Rühren auflösen. Mehl und Salz in der Rührschüssel mischen. Eine Mulde in die Mitte drücken, die Hefemischung hineingeben und 10 Minuten stehen lassen.

2. Das Olivenöl dazugeben und alles mit dem Knethaken 3–4 Minuten zu einem glatten, geschmeidigen Teig verarbeiten. Mit einem sauberen Tuch abdecken und 45 Minuten an einem warmen Ort gehen lassen.

3. Für den Belag den Frischkäse kräftig mit Salz, Pfeffer und Muskatnuss abschmecken. Die Zwiebel schälen, vierteln und in dünne Ringe schneiden. Spinat verlesen, waschen und gut abtropfen lassen. Den Mozzarella abtropfen lassen

4. Den Backofen auf 220 °C (Umluft: 200 °C, Gas: Stufe 4) vorheizen. Den Hefeteig auf einer leicht bemehlten Arbeitsfläche durchkneten und in 6 gleich große Stücke teilen. Diese zu Zungen formen und dabei einen Rand hochziehen. In der Mitte jeweils Frischkäsecreme verstreichen und je 1 Portion Zwiebeln und Spinat darauf verteilen. Zum Schluss mit Mozzarella belegen. Das Eigelb verquirlen und die Teigränder damit bestreichen. Die Pizzazungen im vorgeheizten Ofen 15–18 Minuten backen, bis der Rand goldgelb ist.

Gemüse-Tarte

ZUTATEN

Für den Teig:

200 g Mehl
100 g kalte Butter
   (gewürfelt)
1 Ei (Größe M)
½ TL Salz

Für die Füllung:

frisches Gemüse
   (nach Geschmack;
   z.B. ½ Fenchel,
   3 Spargelspitzen,
   6 Cherrytomaten,
   1 ½ Möhren, ½ rote
   Zwiebel)
2 Eier (Größe M)
150 g Crème fraîche
Salz
Pfeffer aus der Mühle
gem. Muskatnuss
Paprikapulver
½ Bund Petersilie

1. Für den Teig das Mehl mit Butterwürfeln, Ei, 1 EL kaltem Wasser und Salz in die Rührschüssel geben. Mit dem Flachrührer zu einem geschmeidigen Teig kneten.

2. Auf einer leicht bemehlten Arbeitsfläche mit einem Rollholz länglich ausrollen, vorsichtig zurück auf das Holz rollen, und über der Form (35 cm lang) langsam wieder abrollen. Mit den Fingern in die Form drücken, den überstehenden Rand abschneiden, mit Frischhaltefolie abdecken und kalt stellen.

3. Den Backofen auf 200 °C (Umluft: 180 °C, Gas: Stufe 3) vorheizen. Für die Füllung das Gemüse putzen, halbieren oder in gleich dicke Stücke schneiden. Festere Sorten wie Möhre, Spargel, Paprika, Fenchel usw. in kochendem Salzwasser 5 Minuten blanchieren und in Eiswasser abschrecken. Die restlichen 2 Eier mit der Crème fraîche glatt rühren. Mit Salz, Pfeffer und den übrigen Gewürzen würzen. Die Form aus dem Kühlschrank nehmen und den Teig mehrmals mit einer Gabel einstechen. Die Eimasse in die Form gießen und das Gemüse darauf verteilen.

4. Die Tarte im vorgeheizten Ofen ca. 20 Minuten goldgelb backen, dabei evtl. nach 15 Minuten mit Alufolie abdecken. Inzwischen die Petersilie waschen, trocken schütteln und hacken. Über die heiße Tarte streuen und servieren.

Flammkuchen mit Datteln und Speck

ZUTATEN

Für den Teig:

220 g Mehl
3 EL Olivenöl
1 Eigelb
½ TL Salz

Für den Belag:

150 g Crème fraîche
150 g Schmand
Salz
Pfeffer aus der Mühle
Medjool-Datteln nach
  Belieben
1 Zweig Rosmarin
Bacon nach Belieben
Honig nach Belieben

1. Für den Teig Mehl, Öl, Eigelb, Salz und 100 ml lauwarmes Wasser in die Rührschüssel geben. Mit dem Flachrührer zu einem glatten, etwas klebrigen Teig kneten. Den Teig in Frischhaltefolie wickeln und 30 Minuten in den Kühlschrank legen.

2. Für den Belag Crème fraîche und Schmand verrühren, mit Salz und Pfeffer kräftig abschmecken. Die Datteln halbieren und entsteinen. Rosmarinnadeln abstreifen und fein hacken.

3. Den Backofen mit dem Backblech zusammen auf 220 °C (Umluft: 200 °C, Gas: Stufe 4) vorheizen.

4. Den Teig vierteln, drei Portionen wieder kühl stellen und die vierte auf einem Stück leicht mit Mehl bestreutem Backpapier hauchdünn ausrollen. (Falls der Teig sich nicht mehr rollen lässt, sachte von der Unterlage lösen, diese mit etwas Mehl bestäuben und weiter ausrollen.) Den Teig mit der Creme bestreichen, dabei einen kleinen Rand frei lassen. Mit Bacon und Datteln belegen. Das Backpapier mit dem Flammkuchen auf das vorgeheizte Blech heben und 8–10 Minuten kross und knusprig backen. Mit Honig beträufeln und gehackten Rosmarin darüberstreuen. Die restlichen drei Flammkuchen auf die gleiche Weise zubereiten.

Zwiebel-Schinken-Knoten

ZUTATEN

240 g Mehl

50 g Roggenmehl

knapp 1 gestr. TL
Backpulver

1 gestr. TL Salz

75 g weiche Butter

180 g Naturjoghurt
(3,5 % Fett)

1 TL Honig

50 g Röstzwiebeln

70 g Schinken
(gewürfelt)

1. Ein Backblech mit Backpapier auslegen. Den Backofen auf 200 °C (Umluft: 180 °C, Gas: Stufe 3) vorheizen.

2. Die beiden Mehlsorten mit dem Backpulver und dem Salz in einer Schüssel mischen. Die restlichen Zutaten dazugeben und alles mit dem Flachrührer zu einem geschmeidigen, glatten Teig kneten.

3. Den Teig in 7 etwa gleich große Stücke teilen und jeweils zu Kugeln formen. Auf einer leicht bemehlten Arbeitsfläche zu etwa 30 cm langen Rollen formen und dann in der Mitte zu einer Schlaufe legen.

4. Den oberen Strang jeweils nach unten durch die Schlaufe ziehen, sodass das Ende direkt unter dem Teig steckt. Das andere Stück so nach unten klappen, dass das Ende ebenfalls direkt unter dem Knoten verschwindet. Beide Endstücke leicht festdrücken und die Knoten auf das Backblech legen. 20–23 Minuten knusprig braun backen und auf einem Kuchengitter auskühlen lassen.

Feurig-süßes Maisbrot mit Käse

ZUTATEN

160 g feines Maismehl
130 g helles Dinkelmehl
1 gestr. EL Backpulver
½ TL Salz
70 ml Ahornsirup
190 ml Buttermilch
2 Eier (Größe M)
50 g geschmolzene
    Butter
150 g Cheddar
    (fein gewürfelt)
40 g eingelegte
    Jalapeños
    (fein gewürfelt)

1. Eine Backform (20 x 20 cm) mit Backpapier auskleiden. Den Backofen auf 200 °C (Umluft: 180 °C, Gas: Stufe 3) vorheizen.

2. Die beiden Mehlsorten mit Backpulver und Salz mischen. Ahornsirup und Buttermilch miteinander verrühren.

3. Eier und Butter in die Rührschüssel geben und mit dem Schneebesen schaumig rühren. Das Mehl abwechselnd mit der Buttermilchmischung unterrühren. Zum Schluss Cheddar und Jalapeños unterheben.

4. Die Masse in die vorbereitete Form geben und glatt streichen. Im vorgeheizten Backofen etwa 30 Minuten goldgelb backen.

Knoblauch-Kräuter-Zupfbrot

ZUTATEN

Für die Füllung:

2 Knoblauchzehen
100 g weiche Butter
1 TL Salz
je 2–3 Stängel
Petersilie, Oregano,
Basilikum, Thymian

Für den Teig:

270 g Magerquark
15 g Zucker
2 TL Salz
70 ml Milch
70 ml Rapsöl
450 g Mehl
1 ½ Pckg. Backpulver

2 TL frisch geriebener
Parmesan

1. Den Backofen auf 200 °C (Umluft: 180 °C, Gas: Stufe 3) vorheizen.

2. Für die Füllung die Knoblauchzehen abziehen und sehr fein hacken oder durchpressen. Mit der weichen Butter und dem Salz glatt rühren. Die Kräuter waschen und gut trocken schütteln.

3. Für den Teig Quark, Zucker, Salz, Milch, Öl, Mehl und Backpulver mit dem Knethaken zu einem geschmeidigen Teig kneten. (Dabei nicht zu lange rühren, sonst kann der Teig zäh werden.)

4. Den Teig auf einer leicht bemehlten Arbeitsfläche zu einem Quadrat von ca. 40 x 40 cm ausrollen und bis an den Rand mit der weichen Knoblauchbutter bestreichen.

5. Das Quadrat mithilfe eines Pizzaschneiders in der Mitte halbieren. Die beiden Hälften nun jeweils in 4 gleich große Stücke schneiden. Die vorbereiteten Kräuter hacken, auf den Teigstücken verteilen und dabei leicht in die Butter drücken.

6. Jeweils 1 Teigstück zu einem Päckchen zusammenklappen, sodass die Kräuterfüllung innen liegt. Die Päckchen dicht aneinander in eine Kastenform (25 cm lang) stellen. Mit dem Parmesan bestreuen und im vorgeheizten Ofen 25–30 Minuten goldgelb backen.

Weißbrot mit Haselnusspesto-Füllung

ZUTATEN

Für den Teig:

1 TL Zucker
70 ml lauwarme Milch
½ Pckg. Trockenhefe
330 g Mehl
1 TL Salz
70 g weiche Butter
2 Eier (Größe M)

Für das Pesto:

1 Topf Basilikum
1 Knoblauchzehe
30 g Parmesankäse
   am Stück
70 g Haselnusskerne
   (gehackt)
80 ml Olivenöl
1 TL grobes Meersalz
1 Prise Chiliflocken

1. Für den Teig in einer Schüssel Zucker und Milch mischen. Die Hefe unterrühren und 5 Minuten stehen lassen. In der Rührschüssel Mehl und Salz mischen. Butter, Eier und die Hefemilch dazugeben und mit dem Knethaken 5–7 Minuten zu einem glatten Teig kneten. Wenn sich der Teig ohne zu kleben vom Schüsselrand löst, ist er fertig. Mit einem Geschirrtuch abdecken und an einem warmen Ort 90 Minuten gehen lassen.

2. Für das Pesto Basilikumblätter abzupfen. Knoblauch abziehen, Parmesan grob zerkleinern. Alles mit Haselnüssen, Olivenöl, Meersalz und Chiliflocken im Blitzhacker oder Mixer zu einer cremigen Paste zerkleinern.

3. Eine Kastenform (25 cm lang) mit Backpapier auskleiden. Den Teig auf einer leicht bemehlten Arbeitsfläche zu einem Rechteck (ca. 25 x 35 cm) ausrollen. Gleichmäßig mit dem Pesto bestreichen.

4. Von der langen Seite her aufrollen und dabei ein wenig in die Länge ziehen. Nun einmal in der Mitte übereinanderlegen und die Stränge einige Male umeinander drehen. Die beiden Enden unter den Strang legen und so in die Kastenform setzen.

5. Die Form mit dem Geschirrtuch abdecken und den Teig weitere 30 Minuten gehen lassen. Inzwischen den Backofen auf 200 °C (Umluft: 180 °C, Gas: Stufe 3) vorheizen. Die Form in den vorgeheizten Ofen schieben und das Brot etwa 50 Minuten backen. Evtl. in den letzten 15 Minuten mit Alufolie abdecken, damit es nicht zu dunkel wird.

Herzhafte Snack-Kekse mit Tomatenmarmelade

FÜR 30 STÜCK

ZUTATEN

Für die Marmelade:

120 g Tomaten
1 kleine Schalotte
1 TL Olivenöl
1 EL Tomaten-
    gewürzmischung
30 ml Apfelessig
1 EL Gelierzucker 3:1

Für den Teig:

250 g Dinkelmehl
½ TL Backpulver
1 TL Zucker
½ TL Salz
120 g kalte Butter
    (gewürfelt)
100 g heller Cheddar
    (gewürfelt)
50 g Schinken (gewürfelt)
4–6 Scheiben einge-
    legte Jalapeños
    (fein gewürfelt)
je ¼ TL getr. Thymian,
    Estragon, Petersilie,
    rosa Pfeffer, Knoblauch-
    und Zwiebelpulver

1. Für die Marmelade die Tomaten waschen, putzen und grob hacken. Schalotte abziehen, sehr fein würfeln und in einer Pfanne im heißen Öl glasig dünsten. Tomaten und Gewürzmischung zufügen und kurz mitdünsten. Mit Essig ablöschen, den Gelierzucker unterrühren und 2 Minuten köcheln lassen. Tomatenmarmelade vom Herd nehmen und abkühlen lassen.

2. Ein Backblech mit Backpapier auslegen und den Backofen auf 200 °C (Umluft: 180 °C, Gas: Stufe 3) vorheizen.

3. Alle Zutaten für den Teig in die Rührschüssel geben und mit dem Flachrührer zu einem geschmeidigen Teig verkneten. Davon etwa 30 Stücke in Walnussgröße abnehmen und zu Kugeln formen. Auf das Backblech setzen, mit einer Gabel jeweils etwas flacher drücken und im vorgeheizten Ofen 12–14 Minuten backen.

4. Die Kekse auf einem Kuchengitter abkühlen lassen und mit der Tomatenmarmelade servieren.

Pfannenbrot mit Knoblauch-Ghee

ZUTATEN

Für das Knoblauch-Ghee:

1 Knoblauchzehe
1–2 Stiele glatte Petersilie
100 g Ghee
½ TL Salz

Für den Teig:

370 g Mehl
80 g zimmerwarmer
   Naturjoghurt
60 g Sonnenblumenöl
1 EL Honig
2 gestr. TL Trockenhefe
1 zimmerwarmes Ei
   (Größe M)
½ TL Salz

1. Für das Knoblauch-Ghee den Knoblauch schälen und sehr fein würfeln. Die Petersilie fein hacken. Mit dem Ghee und ½ TL Salz vermengen.

2. Für den Teig Mehl mit Joghurt, Öl, Honig, Hefe, Ei und Salz in die Rührschüssel geben und mit dem Knethaken zu einem glatten, geschmeidigen Teig verkneten. Abgedeckt 30 Minuten an einem warmen Ort gehen lassen.

3. Den Teig auf eine gut bemehlte Arbeitsfläche geben, aber nicht kneten. 8 gleich große Teigstücke abtrennen und mit einem Tuch abdecken.

4. Eine beschichtete Pfanne auf mittlerer Stufe erhitzen. Eine Teigkugel mit den Händen wie eine Pizza flachdrücken (ca. 18–20 cm Durchmesser). In die heiße Pfanne geben und von jeder Seite 2–3 Minuten garen. Aus dem restlichen Teig nacheinander 11 weitere Brote backen und noch warm mit dem Knoblauch-Ghee servieren.

Kartoffel-Vollkorn-Brötchen

ZUTATEN

200 ml Milch, lauwarm
25 g frische Hefe
1 TL Honig
300 g mehligkochende Pellkartoffeln (gegart, vom Vortag)
400 g Weizenvollkornmehl
200 g Mehl
1 EL Salz
½ TL gem. Muskatnuss

1. Die Milch mit 150 ml lauwarmem Wasser mischen. Die Hefe hineinbröckeln, Honig zufügen und unter Rühren auflösen. 15 Minuten stehen lassen.

2. Die Kartoffeln durch eine Kartoffelpresse drücken oder mit einem Kartoffelstampfer fein zerdrücken. Beide Mehlsorten mit Salz und Muskatnuss in der Rührschüssel vermischen. Hefeflüssigkeit und Kartoffeln dazugeben und mit dem Knethaken 4 Minuten zu einem Teig kneten. Mit einem Geschirrtuch abdecken und an einem warmen Ort 60 Minuten gehen lassen.

3. Den Teig auf einer bemehlten Arbeitsfläche kurz durchkneten. In 15 gleich große Stücke teilen, auf nicht zu wenig Vollkornmehl jeweils zu einem Fladen drücken und mit den Fingerspitzen dann die Enden zusammenführen, sodass eine Kugel entsteht. Die Oberfläche soll dabei offen und bemehlt sein, damit die Brötchen eine knackige Kruste bekommen. Brötchen auf ein mit Backpapier ausgelegtes Blech legen und abgedeckt weitere 60 Minuten gehen lassen.

4. Den Backofen auf 275 °C (Umluft: 255 °C, Gas: Stufe 5) vorheizen. Eine feuerfeste Schale mit Wasser in den Ofen stellen. Die Brötchen 15–20 Minuten knusprig braun backen.

Bagels

ZUTATEN

Für den Teig:

½ Würfel frische Hefe
   (21 g)
1 EL Zucker
250 g Mehl
1 TL Salz

1 EL Honig

Zum Bestreuen (nach Wunsch):

Sesam
Mohn
Körner
Haferflocken
Röstzwiebeln

1. Für den Teig in einer Schüssel die Hefe mit dem Zucker in 150 ml lauwarmem Wasser auflösen. Mehl und Salz in der Rührschüssel mischen. Eine Vertiefung in das Mehl drücken und das Hefewasser hineingeben. Etwas Mehl vom Rand hineinrühren und 15 Minuten stehen lassen. Alles mit dem Knethaken 4–5 Minuten zu einem glatten, nicht mehr klebenden Teig kneten. Abgedeckt 60 Minuten an einem warmen Ort gehen lassen.

2. Den Teig auf einer leicht bemehlten Arbeitsfläche kurz durchkneten und in 8 gleich große Stücke teilen. 2 l Wasser mit dem Honig in einem mittelgroßen Topf zum Kochen bringen. Ein Backblech mit Backpapier auslegen und den Backofen auf 220 °C (Umluft: 200 °C, Gas: Stufe 4) vorheizen.

3. Die Teigstücke jeweils zu einer Kugel drehen und dann mit dem Handballen zu einer etwa 25 cm langen, gleichmäßigen Rolle formen. Die Enden leicht überlappend zusammennehmen, hindurchgreifen und über die Finger legen. Mit einer Streichbewegung nach vorne auf der Arbeitsfläche von den Fingern bis zur Handinnenfläche zusammenrollen und so einen geschlossenen Bagel formen.

4. Jeden Bagel in das kochende Wasser geben und etwa 15 Sekunden kochen lassen. Jeweils mit einem Schaumlöffel herausheben und auf das Blech setzen. Sofort mit einem oder mehreren der Toppings bestreuen und diese/-s leicht festdrücken. Die fertigen Bagels im vorgeheizten Ofen 15–20 Minuten goldgelb backen.

Laugenkonfekt

ZUTATEN

Für den Teig:

½ Würfel frische Hefe
(21 g)
1 EL Zucker
320 g Mehl
Salz
20 ml Olivenöl

1–2 TL Salz
3 EL Natron

Zum Bestreuen (nach Wunsch):

Mohn
Sesam
grobes Meersalz
Kürbiskerne
Sonnenblumenkerne

1. Ein Backblech mit Backpapier auslegen. Für den Teig die Hefe zerbröckeln und in einer Schüssel mit dem Zucker in 200 ml lauwarmem Wasser auflösen. Mehl und 1 EL Salz in der Rührschüssel mischen, in die Mitte eine Mulde drücken und das Hefewasser hineingeben. Etwas Mehl vom Rand darüberstäuben und 15 Minuten stehen lassen.

2. Das Öl dazugeben und mit dem Knethaken 5–6 Minuten so lange kneten, bis sich der Teig vom Schüsselrand löst. Wenn der Teig noch zu feucht ist, evtl. 1 weiteren EL Mehl unterkneten. Mit einem Geschirrtuch abdecken und an einem warmen Ort 30 Minuten gehen lassen.

3. In einem Topf 1 l Wasser, Natron und 1–2 TL Salz zum Kochen bringen. Den Backofen auf 220 °C (Umluft: 200 °C, Gas: Stufe 3–4) vorheizen. Den Teig auf einer leicht bemehlten Arbeitsfläche kurz durchkneten und in 3 Stücke teilen. Aus jedem Stück etwa 3 cm dicke Rollen formen, davon jeweils mit einem scharfen Messer 3 cm dicke Scheiben abschneiden und zu kleinen Kugeln formen. Neben dem Topf das Backblech und die Kerne und Körner zum Bestreuen bereitstellen. Mit einem Schaumlöffel jeweils 4–6 Teigkugeln gleichzeitig für etwa 30 Sekunden in das köchelnde Wasser geben. Dabei mit dem Schaumlöffel unter Wasser halten.

4. Die Teigkugeln herausnehmen, abtropfen lassen und auf dem Blech platzieren. Direkt mit einem Topping nach Wunsch bestreuen und etwas andrücken. So weiter verfahren, bis alle Teigkugeln verbraucht sind. Das Laugenkonfekt im vorgeheizten Ofen 15–18 Minuten backen, bis es seine typische dunkle Farbe bekommt.

Oliven-Walnuss-Scones

ZUTATEN

350 g Mehl
1 geh. TL Backpulver
1 TL Zucker
1 TL Salz
90 g eiskalte Butter
(gewürfelt)
1 Ei (Größe M)
170 g Crème fraîche
3 Stiele frischer
Thymian
60 g schwarze Oliven (in
Scheiben geschnitten)
30 g Walnusskerne
(grob gehackt)

TIPP:
Dazu schmeckt
ein Feta-Dip.

1. Den Backofen auf 200 °C (Umluft: 180 °C, Gas: Stufe 3) vorheizen. Mehl, Backpulver, Zucker, Salz, Butterwürfel, Ei und Crème fraîche in die Rührschüssel geben. Thymian waschen, gut trocken schütteln, Blättchen abstreifen, hacken und ebenfalls hinzufügen. Mit dem Flachrührer zu einem groben Teig rühren.

2. Olivenscheiben und Walnüsse rasch unterrühren. Den Teig aus der Schüssel auf ein Stück Backpapier legen, mit kühlen Händen schnell zu einer Kugel formen und dann mit den Fingern zu einer großen Scheibe (ca. 30 cm Durchmesser) auseinanderdrücken.

3. Nun die Teigscheibe mit einem scharfen Messer erst halbieren, dann vierteln und zum Schluss achteln. Die Stücke jeweils etwas auseinanderziehen und im vorgeheizten Ofen ca. 15 Minuten backen.

Über die Autorin

Als ich vor vielen Jahren aus Liebe zum Backen meinen Blog (»Meine Küchenschlacht«) startete, wurde mir erst wirklich bewusst, dass der Duft von frischen Plätzchen, selbst gebackenem Brot oder Kuchen wahrhaftig in der Lage ist, echte Glücksgefühle zu erzeugen. Und das nicht nur, weil man so stolz vor seinem fertigen Backwerk steht oder dafür Komplimente von Freunden, Familie oder Kollegen bekommt: Es tut einfach gut, es selber herzustellen und vom einzelnen Produkt bis hin zum fertigen Gebäck alles selbst gemacht zu haben. Rundum glücklich bin ich aber erst, seit ich meine KitchenAid zu Hause habe. Ich habe eine gefühlte Ewigkeit davon geträumt, eine zu besitzen, und sie ist für mich der Inbegriff einer Küchenmaschine! Denn sie ist nicht nur unheimlich praktisch und mit einer Unmenge an Erweiterungen ein echtes Multitalent: Sie sieht vor allem wunderschön aus! Der Retro-Style und die schicken Farben, in der sie zu haben ist, machen die KitchenAid einfach zu einem Küchenaccessoire, das man sich gerne in die Küche stellt.

Die Entscheidung über den Kauf einer KitchenAid bricht man angesichts der Anschaffungskosten natürlich nicht einfach mal so eben übers Knie, sondern man kauft sie mit Bedacht. Und wenn sie dann endlich in der heimischen Küche eingezogen ist, wird sie gehegt und gepflegt und wie ein echter Schatz behandelt. Dieses Glücksgefühl können nur echte Fans nachvollziehen ...

Als ich den Blog damals aus einer Laune heraus begann, dachte ich nicht einmal im Entferntesten daran, dass ich so viele Menschen mit meiner Leidenschaft erreichen würde. Der Start war entsprechend bescheiden: Mit einem kleinen Handrührgerät vom Discounter fing alles an. Aber selbst wenn man nur zwei- oder dreimal in der Woche etwas knetet oder rührt, bemerkt man schnell, wie wichtig die Hilfe einer kraftvollen Küchenmaschine ist. Als ich dann immer tiefer in die Bloggerwelt eintauchte und immer mehr Spaß am und Liebe für das Kreieren von Rezepten und die Fotografie entwickelte, hatte ich mein Handrührgerät schon zum zweiten Mal ersetzen müssen. Etwa zu dieser Zeit tauchte das erste Mal eine KitchenAid auf meiner Wunschliste auf. Als sie dann eine Weile später tatsächlich bei mir einzog, wurde das gefeiert wie die Ankunft eines neuen Familienmitglieds. Seitdem steht sie in meiner Küche und bekommt bis heute regelmäßig liebevolle Blicke und Wertschätzung von mir. Ich möchte sie nie mehr missen und bin sehr froh, dass sie zu mir gehört. Sie leistet mir so treue Dienste, dass ich fast ein schlechtes Gewissen habe, wenn ich mir manchmal eingestehe: Ich liebe sie innig, aber wenn ich könnte, würde ich sie vielleicht doch eintauschen – aber nur gegen ein rosa- oder pinkfarbenes Modell!